中國機遇

——強國之路的中國智慧　下冊

袁寶成、任國明、于明山　著

目錄

上冊

第一章 | GDP世界第二 ≠ 經濟強國

第三章 | 積極應對複雜的經濟環境

第四章｜發展經濟，學會敬畏自然

下冊

第六章 | 強國必先強教

第七章│美國與中國周邊安全環境

第九章│亞洲合作考驗中國智慧

後記

下冊

第六章 ——

強國必先強教

中國教育領域近年來發生了一系列里程碑式的事件。中國政府免除了農村義務教育階段學生的學雜費，並開始向貧困家庭學生免費提供教科書和補助寄宿生生活費，政府拿出五百億元財政經費建立了全面助學體系覆蓋各級各類學生，同時試點恢復了師範生免費教育制度，一點二萬名師範生享受到免費教育大餐……

尤其值得關注的是，在黨的十七大報告中，優先發展教育被列改善民生六大任務之首。胡錦濤總書記在黨的十七大報告中提出了加快推進以改善民生為重點的社會建設的六大任務，其中第一項就是要優先發展教育，建設人力資源強國。

十七屆二中全會的會議公報中再次將優先發展教育的政策列在全擴大就業、完善社保體系和建立基本醫療保障度度等多項政策任務的前面。由此可見，優先發展教育促進教育公平已經成為中國改善民生的重中之重。

種種努力應該肯定，但是教育領域存在的諸多問題也不能忽視。

全民應試教育，教育產業化，教育功利化，素質教育不素質，培養不出合格的人才，更別提創造性人才，不僅會毀滅孩子的前程，甚至會拖累整個國家的發展。

學術浮誇造假，學術圈成名利場，動搖了研究人員進行創新的信心和動力，影響全國家研究水平的提高，也浪費了不少科研經費。

教育本來是彌補貧富差距的最好方法，但目前的教育在某種程度上正在擴大著貧富差距。

教育亂收費，教育費用逐漸成為百姓負擔最大的一筆支出。

二〇〇三年廣州市有一項統計，較高收入家庭每年花在子女教育上的費用平均要 7942 元。子女讀完初中要 6.5 萬元，讀完高中要 8.5 萬元，完成大學教育要 16 萬元。尤其令人不解費是，表面上號稱義務教育階段的初中，擇校費以及家長心照「不宣」地「自願」繳納的贊助費，人均要 1.5 萬元，重點中小學更高。「義務教育不義務」、「不上學要受窮上了學馬上變窮」早已是廣大家長的千夫所指。

高等教育也不是象牙塔裡的淨土了。最近的十年間，大學學費猛漲了約二十倍；但這十年我們的人均收入增長不到四倍。有機構計算出，現在供養一個大學生上完四年大學，需要一個城鎮居民 4.2 年純收入，需要一個農民 13.6 年純收入。

除沒有管住亂收費以外，國家投入太少也是教育收費高的主要原因。現在中國教育財政投入占 GDP 不足 4%，世界各國平均水平在 5% 至 6%之間，美國接近 8%，日本超過 10%。有人計算，如果提高教育占 GDP 1 至 2 個百分點的投入，大學上完全可以半價甚至免費上學了，中小學的資源緊張，貧困地區的教學設施和人員缺乏，也會在極大程度上緩解，學費也會大幅度降低，許多教育積弊有望一掃而空。

教育問題叢生，很大程度上是因為將「市場」錯誤地理解為把一切推給老百姓，政府逃避了自己的責任。

尤其值得深思的是：美國、日本的「市場經濟」難道不比中國徹底？但為什麼他們政府對教育的投入比例要比中國高？俄羅斯的轉型難道不比中國激烈得多？可為什麼不敢減少教育的國家投入比例？

日本不愧重視教育的美名。日本早已達到百分之百的小學和中學教育，受過大學教育的人數占總人口百分之四十八。據估算，中國的初級教育也大約相當於日本一九〇〇年的水平。

諾貝爾獎像是一個標竿，顯示日本學術研究遠遠走在中國的前頭。到目前為止，日本已有十五名諾貝爾獎獲得者，中國則為零。為什麼日本有這麼多的諾貝爾獎獲得者，而擁有十三億人口的中國卻一個沒有？值得中國反思的地方很多。

可喜的是，中國政府已經意識到了教育中存在的嚴重問題。全國「兩會」前夕，溫家寶總理與網友在線對話時明確表示，「我們現在的教育確實存在許多問題：一是教育行政化的傾向需要改變，最好大學不要設立行政級別；二是讓教育家辦學，他們第一熱愛教育，第二懂得教育，第三要站在教育第一線，不是一時而是終身」。

十一屆全教人大三次會議期，溫家寶總理在作政府工作報告時強調，教育寄託著億萬家庭對美好生活的期盼，關係著民族素質和國家未來。不普及和提高教育，國家不可能強盛，這個道理要永遠銘記。

「強國必先強教。只有一流的教育，才能培養一流人才，建設一流國家。教育寄託著億萬家庭對美好生活的期盼，關係著民族素質和國家未來。不普及和提高教育，國家不可能強盛。這個道理我們要永遠銘記。」

但願「教育立國」、「科教興國」不要只停留在口號上，但願老百姓能早一天搬開這壓在頭上的第一座大山。

▶ 重視教育不是喊口號

實現 4%為什麼這麼難

中國人一向自認為最重視教育，而且很高調「再苦不能苦孩子，再窮不能窮教育」。這口號我們喊了不少年，有些人都感到「厭煩」了。但是一個不可否認的現實是，在不少地方，教育不再被擺在第一的位置，甚至成了經濟建設的附庸。一些窮困地區政府的辦公大樓修得卻比美國白宮都豪華，孩子們卻連個像樣的課桌椅都沒有。當政者都不致力於「公平教育」，又如何能要求其他機構和個人致力於消弭窮、富地區教育「鴻溝」呢。

重視教育不是喊口號，嚴峻的現實顯示，我們真的沒像喊得那樣重視教育。

一個國家重不重視教育，首先體現在對教育的財政投入上。很難想像一個只拿出很少的錢來辦教育的國家，能夠真正地重視教育。

教育部官方網站公布二〇一〇年度工作要點，說是二〇一〇年要促進全國財政性教育經費占 GDP 比例 4%目標的實現。一九九三年，中共中央和國務院頒布的《中國教育改革和發展綱要》提出，到二〇〇〇年年末，財政性教育經費占 GDP 的比例達到 4%。到目前為止，這一目標一直沒有實現。

消息一出，輿論一片譁然。早在一九九三年頒布的《中國教育改革和發展綱要》就已提出，財政性教育經費的 GDP 占比達4%的目標，但這一目標遲遲未能實現。至二〇〇六年，全國人

大審議通過了《國民經濟和社會發展第十一個五年規劃要點》，繼續明確規定，「逐步使財政性教育經費占國內生產總值的比例達到 4%」遺憾的是，二〇〇八年財政性教育經費的 GDP 占比達到歷史最高的 3.48%，仍沒有達到 4%。4%的目標實現不了，按理說財政應該「很差錢」才對，但這顯然與歷史事實不符。近二十年過去了，中國的經濟社會發展早已日新月異，理論上說，財政性教育經費的 GDP 占比應該達到 5% 至 6%更為合理，但我們仍在為 4%的老目標傷神不已。再窮不能窮教育，為什麼 4% 的目標就那麼難實現。人們很不滿。教育投資不足背後，是決策者的態度問題。

按照財政部的說法，經過積極的努力，中國財政性教育經費從一九九六年的 1654.2 億元，增加二〇〇四年的 4465.9 億元。與此形成鮮明對比的是，這個目標提出之後這麼多年，我們的國民生產總值、國民收入、政府稅收都在大幅度增長，每年公務員的職務消費保守估計也要超過 7000 億元。也就是說政府每年拿出來辦教育的錢，還沒有養活公務員花的錢多。

還有一個令人遺憾的現實是，就是到了 4%，在全世界也是排不上號兒的。不論說與發達國家還說發展中國家相比，中國公共教育投入都處於低水平。世界平均水平為 4.9%，發達國家為 5.1%，欠發達國家為 4.1%

即便在預算內的教育撥款如數實現，也存在落實問題，現在不少地方或部門雁過拔毛，已公開的「潛規則」。經過層層剋扣，到基層時經費已大大打了一個折扣。有的實際撥付的財政資金根本不能充分運用在教育領域，教育撥款被挪用、截留，真正

應該受益的教育者和被教育者游離於受惠圈外。有的資金用於大興土木，瘋狂進行校園擴建，影響教學質量的提高。現在大家擔心增加的教育經費會被貪污浪費，應該加強審計監督。

十數年未曾跨越 4%這一老目標，結果自然衍生出眼下公共教育領域諸多詭異現狀。比如一度熱火朝天的教育收費市場化走向，教育支出是個定量，財政袖手了，家長自然就要負荷更多。比如教師待遇長期口惠而實不至，薪酬績效改革弄成數字遊戲，與公職人員薪酬差距更甚。比如基礎教育落差巨大，教育均衡捉襟見肘，因為財政有限，才搞出諸多「重點」。再比如公共教育越來越像開發商，舉債、炒地皮、玩空手套白狼遊戲⋯⋯往大處說，所謂「難出大師」、「大學不大」等後遺症，恐怕也可以從這 4%的目標未達成上找了程度不等的原因。

二〇一〇年是實施「十一五」規劃的最後一年，也是實現4%這一具有法律約束力目標的最後一年。十數年未曾跨越 4%，可見中國並不像喊得那樣重視教育。癥結有三：一是訂立了 4%的目標，但迄今未能從政策或法律層面規定各級政府的投入比例，在 4%目標責任上，只有「國家」的抽象意義。二是公共教育是個軟實力的工程，短期見不到實效，各級政府向來喜歡一本萬利的 GDP 急功近利式投資。三是公民的受教育權缺乏財政支撐，相關權利從紙面上扎實落地尚且缺少一道物化的程序。

在剛剛結束的十一屆全國人大三次會議上，溫家寶總理強調，「教育寄託著億萬家庭對美好生活的期盼，關係著民族素質和國家未來。不普及和提高教育，國家不可能強盛，這個道理要永遠銘記」。

　　溫家寶總理的一番話讓民眾充滿希望，但是遺憾的是教育部剛剛說要促進在二〇一〇年實現全國財政性教育經費占 GDP 比例 4%目標，在《國家中長期教育改革和發展規劃綱要（2010-2020 年）》中，赫然有這樣一段話「加大教育投入，提高國家財政性教育經費支出占國內生產總值比例，二〇一二年達到 4%」。又是一個 4%。

　　財政部副部長丁學東的說法是「我們信心很大，同時感到難度不小。」二〇〇四年到二〇〇八年，中國財政性教育經費年均增長 23.7%，占 GDP 的比重從 2.79%提高到 3.48%，年平均提高 0.17 個百分點。這一比重的逐年提高，有助於我們增強完成 4%目標的信心。但另一方面，我們也要看到，財政性教育經費占 GDP 的比重既取決於一個政府對教育投入的努力程度，也就是財政性教育經費占財政支出的比重，也取決於財政收入占 GDP 的比重。中國二〇〇九年財政收入占 GDP 的比重是 20.4%，低於各國平均水平 10 個百分點左右，因此制約了中國財政性教育經費占 GDP 比重的進一步提高。

　　丁學東說，中國正處在經濟社會發展的關鍵時期，要求財政重點保障的教育、農業、科技、社會保障、醫療衛生等項目支出比較多，短期內提高財政收入占 GDP 比重的難度也比較大。實現 4%的目標還需要各級政府作出艱苦的努力。

　　「從今年到二〇一二年，需有三年時間，實現 4%的目標我們要採取積極的措施，盡最大的努力去實現。」丁學東的這番話讓人吃到了定心丸，同時也令人擔憂。如果《綱要》獲得通過，就是國家的綱要。一旦全國人大批准，就具有法律的權威，政府

必須執行。財政部職責是執行財政，是沒有資格改變財政預算的比例的。4%不是一個絕對數字，而是隨著 GDP 變化的。如果說到二〇一二年還「困難很大」，那只能來自政府內部，或者就是財政部內部。如果事先就知道「困難很大」，還要盡最大努力去實現，就應該實事求是要求調低。做不到還同意做，或者到時做不到也無所謂，那麼不但人大通過的法律權威受損，政府公信也將遭損害。

教育發展不均衡

為了孩子能夠讀一所好學校，費盡心思遞條子、給票子、換房子，對於許多在城市生活的老百姓來說，這已經是再普通不過的事情。與此同時，在農村，更多的孩子則面臨能不能讀書這樣更為嚴峻的問題。

由於國家教育經費的缺乏以及普通教育制度的缺陷，今天的中國人中，成人識字率才 81.5%，文盲半文盲人數約占人口的 15%以上，離教育現代化的起限相差 8.5%，離教育現代化起限 30%相差 25%。真正的全國九年制普及教育還剛剛起步，要達到高中階段的普及教育還相當遙遠。

重慶市彭水縣的山區學校，有三萬餘名孩子和老師，因為條件限制在學校吃不上午飯，很多孩子在家吃了早飯後，要等到天黑回家，才能吃上第二頓飯。不少孩子嚴重營養不良，面黃肌瘦。

朗溪中心小學的四百多個孩子忍飢挨餓、不吃中飯，原因是學校沒一個像樣的食堂。沒有食堂，自備「乾糧」帶些零食止餓

也好，可就是個一蘋果、一袋餅乾，對這裡的孩子們來說也屬奢侈。生活在人均 GDP 已達 3000 美元的祖國的花朵，為什麼還要承受早已遠離許多人記憶的飢餓的煎熬？是貧窮，貧窮的魔爪並沒有因為整個國家經濟蒸蒸日上便從世間徹底消逝，在那些不為人知的偏遠大山、邊鄉僻壤處，還有不少人在嘗受貧窮的刺痛。

物質的匱乏導致教育的貧瘠，教育是「百年大計」，其根基被動搖，帶來的不良影響將會是深遠的。一個連師生吃飯問題都無法解決的學校，如何保證教書育人的質量？一方面，資金瓶頸會使優良師資和齊全教育設施變得不可能，另一方面，艱苦的條件也會使很多孩子無法順利完成義務教育。前者導致能上學的孩子很難升入大學「龍門」，「走出大山」的夢想難以變成現實，後者則讓不少孩子早早輟學走入社會，學生流失嚴重。

對於社會公眾特別是廣大農村貧困家庭來說，教育是改變自身和家庭命運最有效途徑和最廣闊舞臺。這些窮苦孩子有堅韌和志氣，不少貧窮的地區同時也是高考升學率最高的地區。但是孩子們對夢想的執著和奮發向上的精神，並不能遮蔽教育資源分配不公的現實。每個中國公民都享有平等的受教育權利，這是已寫進法律的莊重陳詞，「貧窮地區」的孩子不能因為「貧窮」這兩個字眼，就沒了前途。

要解決「窮教育」的問題，單靠彭水縣的以及所有類似地區政府本身的「一己之力」幾乎不可能，需要全社會上下共同努力。實際情況不容樂觀，近年來形形色色的「高考自主招生」，比如北大的校長實名推薦制，農村孩子大都不在推薦範圍之內，

這已經不是一個應不應該將招生政策適當向農村落後地區傾斜的問題，而是一種赤裸裸的對農村孩子的「制度歧視」。另外，一些抱有「菁英寡頭」思想的人，甚至認為「窮人就該上不起學」。如此種種制度和觀念上的「冷漠」，比教育發展不均衡本身更應引起我們的警惕。

代課老師被清退是悲劇

口頭上重視教育的消息可不止這些。進入二〇一〇年新年，一則新聞令人黯然。一門戶網站裡，有一組令人心酸的圖集。其中一張是甘肅渭源縣黑鷹溝村五十四歲的代課老師王安治，在一個雪天傍晚來到曾代課的學校。紅旗低垂，校舍靜默，瓦房側壁「尊師重教」四個大字白得刺眼。照片一角，拄著雙拐的王安治正側身走出鏡頭。

二〇一〇年，全國將有四十四點八萬像王安治這樣的代課教師將被完全清退。

代課教師是指在農村學校中沒有事業編制的臨時教師。一九八四年底以前，他們被稱為民辦教師，在此前從教的臨時教師基本被轉正或清退。一九八五年開始，教育部為提高基礎教育的師資質量，在全國一刀切，不允許再出現民辦教師。但不少偏遠貧困山區因財政困難而招不到公辦教師或公辦教師不願去，這些空缺仍需臨時教師來填補，他們轉而被稱為「代課教師」。

在特定歷史階段發揮著積極作用，特別是在西部地區和偏遠農村，代課教師為維繫義務教育承擔著歷史責任。沒有幾十萬代課教師不計成本的前赴後繼，義務教育不可能走過最艱難的階

段。他們普及大眾教育，同時也是眾多社會菁英最初的啟蒙者，用一筆一畫的教導，為社會成員的向上流動提供動力。某種意義上說，整個國家都受益於代課老師，如此形容並不過分。

但是代課老師沒有任何「名分」，用現在的話說就指「黑工」，與公辦教師有著天壤之別的待遇。一段時間代課老師工資與公辦講師的工資差距，引起整個社會層面的關注。公辦教師2000元左右，代課老師薪酬220元每月，有的地方只有四五十元、七八十元，但他們總是能為地方政府考慮，而且一幹就是十多年二十幾年。能夠成為公辦教師，是他們的唯一夢想，但如今一刀切的師資整合，徹底打破了他們的夢幻。或許，在被清退之日，能得到地方上的五六百元補助，卻是少得可憐，與他們付出的青春、年華而言，絕對是不平等的。或許，正因為他們的名不正言不順，所以他們只有在那低薪酬之下哺育著中國的下一代。但當歷史的車輪停止「代課老師」這一名詞時，即使所有的希冀也徹底地被打碎的時候，他們內心依然想著那些娃兒有沒有人教，那些孩子是否在正常地上課。

當這些代課老師被清退之後，他們的後半生卻得重新開始。要維持一個家庭的生活，又要給家中的老人治病，又要給小孩上學，有的老師為了孩子上學家中均已欠下幾萬元的巨債。有的老師因為身體殘疾的原因，數十年到一直兼做代課老師，離開了講臺，為了維持生活，不得不早出晚歸，幫鄰里打零工，以備在農忙季節鄰居幫自己收割。有的老師在清退後，到工地上打零工，雖然是辛苦活，但一個月有一千元左右的收入，遠遠比那220元一個月的收入高多了。

從代課老師產生的那一天起到被清退的這天，從來沒有哪個部門為他們的生存狀況仗義執言過，現在全國所有代課教師將在優化教師隊伍的名義下全部退出歷史的舞臺。看著這些在特定歷史階段發揮著積極作用，特別是在西部地區和偏遠農村，為維繫義務教育承擔著歷史責任的代課老師，無言告別講臺，後半生卻不知道怎樣辦的代課老師，內心總有一種酸澀，有一種悲傷，甚至令人潸然淚下。

　　幾十年的辛苦付出，在當地教育力量最薄弱的年月裡，他們挺身而出，一幹就是十年二十年三十年，他們的頭腦裡只希望當地的兒童有書讀能識字，能成為國家有用的人才，這就是他們的願望。但在被清退的一刻，他們的未來卻沒有被地方教育部門所重視，他們的付出與回報是完全不成正比的。這個時候，不禁懷疑，清退代課教師，教育難道就真的有未來了嗎？難道教育真的被優化了嗎？

　　有一位網友對此新聞的評論：「太不公平了，在九○年代，如果不是那些代課的老師，西部山區的孩子就沒有學上，他們在那個時代為西部山區的孩子帶來了一片的天。我上小學時，都是代課教師，他們付出了那麼多，現在提高教師的隊伍水平沒錯，但要給他們一些補償，600 元，能做什麼，能買幾袋麵粉。那個時候正式編制的老師都不願意到窮山區去，不是他們，也就沒有山區孩子的今天。太讓人傷心了，還講什麼仁義道德，這是典型的忘恩負義，卸磨殺驢。」

　　進入二○一○年，已清退的老師生活大多困難。等待清退的老師，也未期望拿到更多補償，他們只希望這次能體面地離開。

拿 600 元作為這些代課教師未來的安排時，當地教育部門也好，國家教育部門也好，這是教育史上的極大敗筆。如此對待曾經付出過了自己青春和熱血的代課老師，如此對待曾經為在特定歷史時期做出過巨大貢獻的代課老師，教育的希望還會有嗎？

不可否認，這個產生於教師資源極度稀缺年代裡的特殊職業，這群曾經的「人類靈魂工程師裡的臨時工」，在推行現代教育的今天，確實已經顯得有些不合時宜了。各地的師範學校，每年都培訓出大量專業能力更強的、擁有大學學歷的教師，這些年輕教師無論從數量上，還是在質量上，顯然都更符合現代教育的要求。

於是，向代課教師們敲響「下課」鐘聲，也就成了意料之中的事情。事情其實就這麼簡單，從前教師資源極度稀缺，這群本來不具備教師資格的人，被政策性地推上了三尺講臺。若干年後教師資源豐富了，這群不具備教師資格的人又被政策性地趕下三尺講臺。

細想起來，今天發生在代課教師們身上的故事，之前已經在其他人群中一再上演。比如知識青年政策性上山下鄉，國企職工政策性買斷下崗等，每一次大的政策性調整，總會深刻影響到一群人的人生軌跡，可謂是幾家歡喜幾家愁。

在被集體炒掉的代課教師中，到底有多少是已經實際工作（可能未簽書面合同）滿十年的？炒掉這部分代課教師到底合不合法呢？也許不管是否合法，代課教師們都已經到了必須離開的時候，既然校園已無代課教師容身之地，那麼對待其退出能合溫情一點？比如對被清退者的補償一定要到位，讓他們體面地離

開。對於自學、自考的提供相應資助，適度放低門檻提升「轉正」從師資質，或者輔以其他生存技能培訓。代課教師問題，歸根結底是教育欠債的制度問題。代課教師問題，本就是教育體制的責任失落。同時，「後代課時代」巨大的師資缺口，如何填補？經濟欠發達地區如何做到新老師「派得進、留得住」，都不是一紙清退令所能解決的。

代課教師或許可以成為過去的詞彙，但絕無理由將他們當作歷史遺留問題而推卸政府責任。這一點不會以文件的承認與否有所改變。大多數代課教師沉默不語，或者不敢不願公開伸張自身權益，這並不意味著用漠視的辦法就能將問題擱置。因為，對代課教師的愧疚無法抹掉，無論是國民還是國家。

代課教師自始至終都為政策所傷，應該向他們道歉並進行補償。如果一直虧欠，怎麼面對國民？代課教師政策不能只有破壞而無建設，有關部門至少在提高補助和健全養老保障上要有負責任的長遠安排。這不是施捨，這是虧欠代課教師的部分，這是以國家名義進行的償債。

▶ 應試教育改革別無選擇

應試教育弊端顯而易見

「應試教育」把應試作為唯一或主要的教育目標，是一種十分狹隘的教育模式，這種教育模式正把中國基礎教育引進死胡同。

應試教育模式把智育放在第一重要的位置上，但智育的目標卻是片面的、狹隘的。智育是傳授知識、發展智力的教育，其中發展智力是最重要的目標。但是應試教育從應試這一角度出發，過分強調傳授知識和技能，強調知識的熟練程度，大多採取過度學習、強化訓練的手段，把學習侷限在課本範圍內致使學生無暇參與課堂以外的、各種對發展智力十分有益的活動，從而出現知識面狹窄，高分低能的局面。

在應試教育模式中，教育目標狹隘，教育手段單一。學校成為按一個模子改造人的「教育機器」。人的個性發展未能受到應有的重視，而且傳統的應試教育，極易助長學校教育中的管理主義和權利主義傾向，對培養和豐富學生的個性十分不利。

由於升學率、平均分兩根指揮棒自上而下被層層強化，教學中廣泛採用過度學習，強化訓練的做法，造成學生作業量過大，中小學生必不可缺的遊戲時間和體育鍛鍊時間沒有保障，連正常的星期日和假期也被擠占，影響青少年學生身體的健康發育。同時，也造成許多心理疾病，如恐學病、逃學病，學習反覆受挫後的精神抑鬱、孤僻等。

以考試、分數作為學生標準的應試教育模式扭曲了考試的功能，考試不是為了檢測和反饋，服務於教學。相反考試成了教學的目的，教學只是為了考試，是為了評分排列等，考試的功能和作用被嚴重侷限了，這種本末倒置的狀況，促使作弊風氾濫。不僅中學存在，高考考場上存在，小學也存在。個別教師為了獲取本班考試成績虛假的高分率，甚至暗示作弊方法，污染了學風，十分不利於學生身心健康發展。

在傳統的應試教育模式中，學校整個工作圍繞著高考和各級統考、會考指揮棒轉，管理目標相當普遍地帶有急功近利傾向。評價教師教學質量的唯一標準是分數、升學率，全部教育就是為了考分，教育的科學性、藝術性不再有其真正的內涵。教育研究變成了應考研究，教師忙於知識灌輸和強化技能訓練，真正有價值的研究和探索缺乏動力，嚴重侷限教師知識結構擴展和各種素質的提高。

應試教育還帶來很多惡果。一是造就了發應試教育之財的暴發戶。暴發戶們擾亂了學生良好的閱讀市場。本來學生時代應該多讀自己感興趣的課外書，增長多方面知識的時代，但是現在卻為學生提供了五花八門的練習題、測驗卷、考試寶典等，教師逼著買，家長主動買，學生不得不買，於是學生的閱讀興趣被抹殺了，每天陷入各種各樣的、題型怪異的題海中，幸福了少數商人，辛苦了多數孩子。

二是造就了狠榨學生智慧之油的重點學校。現在所謂的重點學校就是升學率高的學校，然而他們的升學率高的原因之一就是狠榨學生的智慧之油，把學生的智慧之油撒在課本、題海上，猛烈燃燒，並且加上大量的時間保證，恨不得把學生的油抽淨熬干，學生高考完了，智慧和靈性也就到了崩潰的邊緣。

三是造就了「學生分數第一」的變態家長。應試教育下的家長個個心急如火，孩子學習成績成為家庭的頭等大事，也要列入家庭的重要經濟支出計劃。學生成績好，皆大歡喜，學生成績不好，拳打腳踢，家庭暴力和應試教育關係密切，甚至成為家庭暴力的導火索。

最大的惡果是摧毀了創新根基。到目前為止，獲得諾貝爾自然科學類獎項的華人已有八位，唯一只有一九九八年諾貝爾物理學獎獲得者崔琦曾接受過新中國的基礎教育，一九五一年曾在北京讀中學，次年就到香港培正中學就讀，隨後赴美國芝加哥大獎就讀。這是什麼原因呢？道理很簡單，現在國內的小學、中學、大學培養出來的學生會考試，但創新能力弱。

科學研究，是依賴於創新能力，而不是死記硬背能力。六十年來，新中國的教育，從基礎教育到高等教育，都是培養死記硬背，記住唯一標準答案的應試教育。應試教育只需要你能背誦唯一的答案，不需要你知道得出這個答案的證據。只需要你在考試中一字不差地默寫出答案，不需要你去思考答案背後的邏輯。

從小學到高中，我們在學習過程中國師都會教育我們如何去考試，怎樣才能考出高分。當然這不是老師的錯，是中國教育的錯。從目前看，小學生學的奧數，我們很多成年人甚至是博士也未必全都會做，為什麼？為什麼要全民學奧數，難道全都要培養成數學家，當然不是，在這方面家長的心理也有很強的作用。每個家長都怕自己的孩子得不到好的教育，可是他們從未想過自己的孩子喜歡學什麼，特長是學什麼。中國的孩子都被教育的一模一樣了，怎麼會出有創造力的人才呢。

中國要在二○二○年成為創新型國家，就必須從根本上改變一代人以考為本的學習方法和思維方式，必須觸動形成這種學習方法和思維方式的基礎教育創造能力，繼續強力推行新課改，從小培養學生的基礎教育創造能力、發現問題和解決問題的能力，從根本上改變人才的素質。在這種背景下，素質教育作為解決應

試教育弊端的靈丹妙藥被提出來。

　　中國的教育部門已經有所認識，近年來制定了大大小小許多新措施，包括取消重點學校、重點班級、禁止公布考試成績等等。只是這個系統太龐大了，積累的問題太多了，不可能一下子見到顯著的成效，變化注定會是緩慢的、循序漸進的。

　　儘管應試教育在輿論上非常不得人心，但是大部分教師和家長似乎不為輿論所動，教師仍然堅定不移地埋頭於應試教育。「給中小學生減負」已經喊了將近十年，不給孩子留太多作業，首先慌了神兒的是家長，甚至集體去學校示威，逼迫校方增加作業量和考試頻率。如果哪所學校的確給孩子減負了，家長則會變著法兒地把壓力成倍地施加給孩子。

　　在責備教育系統不完善、教育資源分配不公平之前，最好看一看，催逼孩子最緊迫的，其實是家長。給各種興趣班、補習班送錢的，是家長。急於擇校、哄抬擇校費用、讓學校給學生功課加碼的，也是家長。學校、補習班不能白收家長的錢，當然要出「成果」，其手段就是給孩子更多的功課和壓力。在整個教育文化裡，可以說家長起著助紂為虐的作用。

　　根本的原因還是因為高考最終還是要成績來說話。只要高考制度不改革，應試教育就不會結束，素質教育就不會真正落實到實處。要改革應試教育顯然不是學校和家長能做到的。

　　有一則復旦大學自主招生面試的消息，凸顯反思應試教育的迫切性。

　　「你平時喜歡讀什麼書？」是一道面試題，原本以為再簡單不過，沒料到考生覺得是「最難考題」，也被教授們視為「最不

滿意」的回答。

能參加名校自主招生面試的，當然是各中學好中選優的高材生。然而大部分人的回答都是：「我平時基本上都是看教輔書。」能輕鬆地說出最近愛看的某本課外書，並進而和面試老師交流讀書心得的學生，幾乎是鳳毛麟角。

這個結果大大出乎許多人的意料，折射出當前壓力沉重的中學生的學習實情和生存狀態，也暴露出應試教育的尷尬。面對「最難考題」，尷尬的不僅是考生，而且是我們的教育。現在校園裡，中學生們日復一日，沉浸在試場題海，習慣於死記硬背，早已遠離自由閱讀，甚至已經不會自主閱讀。他們閱讀兩類書籍，一是教輔書籍、考卷總匯，二是動漫讀物、網絡文字以及武俠傳奇，這是他們宣洩煩躁的安慰劑，或者是填補精神空虛的快餐遊戲。我們千方百計實施的義務教育，到頭來學生居然說不上自己最喜愛的書目；我們千辛萬苦培養的一代新人，竟然不知什麼是真正的閱讀，怎樣通過閱讀「蒐集處理信息、認識世界、發展思維、體驗審美」，我們的教育才真是碰到了最大的難題。

答好這道「最難考題」，需要靠改革不合理的教育體制，改變陳舊的教育觀念，進而革新落後時代的教育內容和教學方法。從這個意義上看，復旦的這道面試題，值得中國人思索。

日本應試教育可圈可點

就在幾十年前，日本的教育也曾陷入與我們目前類似的境地，因為片面應試，出現學生的創造力低下以及其他一些嚴重的教育問題。

日本的升學考試競爭激烈，素有「考試地獄」之稱。大量輔導補習的私塾，完全以應試教育為目的，每年雜誌上還公布全國各名牌高中考上各主要大學的人數，各高中具體考上哪所大學的人數一目了然，等於進行高考升學率的排行。日本民間有個說法，叫「四上五落」。意思是說，一個高中生如果準備考名牌大學，晚上睡四個小時的，才能考上，睡五個小時的，就要落第。可以想像競爭多麼激烈。

但在類似於中國「應試教育」體制下，近年來日本接二連三獲得諾貝爾獎，很不可思議。究其原因，日本的應試教育再瘋狂，也不像我們這樣瘋狂得這麼曠日持久。

事實上，早在我們之前許多年，日本人就已充分認識到片面應試的巨大危害，並開始注重學生創造力的培養，而且他們是說幹就幹的民族，從不喜歡說空話。他們很快便能夠在發展創造力方面有所進展。在今天，儘管說他們的教育仍沒能徹底革除應試的弊端，但在總體上早已今非昔比了，創造教育的理念已深深植根於他們的教育之中，並進而成為他們整個民族的共識。

日本全力推行「應用教育」，學校從培養學生的自學能力入手，培養基本的研究能力、分析能力、解決問題的能力。幼兒園一般都有菜園，從小就培養熱愛勞動的觀念。到了一年級就要觀察喇叭花的成長過程，二年級觀察西紅柿，三年級觀察稻子的生長發育，從四年級開始，假期要制訂自己的研究計劃。日本學校一般不留硬性的作業，養昆蟲、發豆芽、做家務都可以成為研究對象。學校教的東西和社會緊密相連，不管做什麼，只要能學到知識，也就達到了教育的目的。

二十一世紀國家可持續發展戰略是創新型經濟。按照日本的說法，就是要比「發現」，能被計算機代替的工作，已不完全是教育的目的。日本已經意識到，傳統的亞洲式教育，不利於創造力的培養，於是實行新的教學計劃大綱，把以往的教學內容減少三分之一，增加綜合學習時間，藉以培養學生獨立思考、分析解決問題的能力，從根本上改變歷來只重視知識掌握的「應試教育」。

差距就這樣在拉大。就在中國人在為傳統節本申遺問題而爭論不休的時候，日本人則早已過了許多個「4・18發明節」了。就在中國人對高考以及英語四六級考試的題型分值比例大傷腦筋的時候，日本人已舉辦過無數次發明創造比賽了。完全用不著羅列什麼數據，僅此一點，就不難看出我們和他們之間的差距。

當今天的日本人舉國上下以發明創造為榮的時候，我們在幹什麼？大都在忙著趕考，成了考試的奴隸，哪裡還有功夫去想什麼發明創造的事情呢？現有的社會體制和教育體制，已經從根本上決定了考試就是命根子，一旦在考試中敗下陣來，別說功名利祿，恐怕就連生存的機會都沒有了。在這樣一種大環境裡，自然很少有心思去質疑所學的知識本身是否具有合理性，更別說放棄考試機會。這種扼殺創造力的現實和教育，造成國民創造力長期處於低下的水平。

如此一來也就不難理解，為什麼地理上彼此接近，文化上也有所傳承，又同為黑頭髮、黃皮膚的人種，日本已經有那麼多人獲得了諾貝爾獎，中國卻連一個還沒有。日本人每年獲得的專利數量能驚人地占到全世界的三分之一左右，日本的中松義郎已成

為當今世界新的發明大王，其專利數量有近乎愛迪生的兩倍之多。

漢語考試取代英語考試

二〇〇九年十月，澳大利亞四所私立職業學校破產倒閉，致使兩千多名外國留學生失學，其中近半數是中國留學生。在要求澳方妥善安置失學留學生的同時，中國人也需要反思，年輕人為何如此熱衷於出國留學，甚至飢不擇食地選擇澳大利亞的一些不入流的私立職業學校。資料顯示，目前出國留學的年輕人當中，百分之八十以上選擇的是以英語為母語的國度。

家長們之所以盲目地把孩子們送到海外學習，完全是「英語應試綜合症」在作祟。中國人的「英文應試綜合症」已經深入骨髓，乃至到了舉國發狂的地步。

如今一種流行病在中國蔓延，就是外語應試症。幹什麼都要考英語，很多一輩子用不著英語的行當，也要考英語，而且成了不可踰越的鴻溝。有數據顯示，目前中國有四億多人在學英語，專家預測，再過幾年，中國學英語的人數將超過英語母語國家的人口總數。

目前大部分地區都是從小學三年級起開設英語課，也有的是從一年級開始，很多幼兒園也開設英語課。在北京和上海這樣的大城市裡，即使勉強維持生計的家庭，最少也要給孩子報上一個英語輔導班，有條件的家庭則全力聘請外教，這一做法被稱為「不讓孩子輸在起跑線上」。至於社會上各種各樣的英語學習班，更是門庭若市、如火如荼。據悉，中國已經成為全球最大的

英語教育市場，年利潤高達上百億美元，其中大部分被耍嘴皮子是海外英語教育機構賺去。

現行的教育體制和評價機制難辭其咎。大學尤其是中小學普遍開設外語課固無不可，但僅設英語課並且如此重視則舉世未聞。評定技術職稱，英語能否過關是最重要的指標之一，就連中醫醫師資格考試也莫能外，可謂滑天下之大稽。

大學是英語應試綜合症的重災區，就算專業成績再好，英語差一點，就進不了錄取線。沒有想到，如今北京竟然把留京指標與英語掛起鉤來，英語四級成績不達標的，不能獲得留京、進京指標。古今中外，沒有哪門子語言被抬得像英語這樣「崇高」，也沒有哪個國家像中國這樣流行「應試英語」。

盲目的英語應試綜合症，已經成為中國人精神和物質的負擔，而且使我們的母語受到了不應有的冷落，不少人放鬆了對漢語的學習。漢語是世界上使用人數最多的語言，有極為深厚的語言資源和人文傳統，學習英語當然可以，但決不能盲目迷信以為英語萬能，政策制定者更不能把英語作為衡量所有人才的硬性標準。

一位在美國任教的朋友說，中國博士生入學考試的英語題極其難，難度甚至超過美國。最荒唐的是，一位外國人士跑到北京一所重點中學問老師我的孩子英語為什麼考試不及格。外國人士不解：英語是我孩子的母語呀！中國的英語考試能把母語是英語的中學生考糊了。老外永遠也不會明白，中國學校根本不教授英國語言，只向學生灌輸中國式應試英語。學英語不是為了交流，百分之九十九以上的中國人學英語是為了考英語。中國已經形成

GDP 年營業額超過一千億元人民幣的應試英語產業。

　　還有外國人笑談，全世界三千萬老外學中文，全中國人三萬萬華人啃英語。未來講英語的中國人超過英語是母語者的數目已經赫然在望。

　　作為中國人，不能站在漢語之外看世界。不能很好地掌握漢是，也不能充分地了解世界。反對學英語大可不必，但「英語應試」和「全民學英語」可以休矣。每個中國人都能以漢語為榮，說漢語，寫漢字，給自己的母語一點尊嚴。

　　學習母語不僅是一種權利，也是一種責任和義務。保護法語、拒斥英語是法國的一項重要國策，俄羅斯也把保護俄語納入國家安全戰略。雖然大多數日本人甚至日本知識分子英語磕磕巴巴，但並不妨礙日本成為強國，因為日本重在培養翻譯精英，藉以熟知世界，而不是傾全國之力推動全學英語。印度把英語作為官方語言，不少印度人也把熟悉英語視為本國優勢，但卻有評論家諷刺說：到底是印度人的印度在崛起，還是英國人的印度在崛起？以上這些，對中國人而言都是有益的驚醒和啟迪。

　　在改革開放的年代，在政策上確立一種導向，引導大家重視英語，用意當然不錯。但是，擴大開放、學習外國優秀文化成果，不一定要像我們這樣搞「英語應試」。日本歷來善學外國之長，而且以貿易立國，但人家從來沒有像中國這樣把英語抬高到如此地位，會說英語的日本人並不太多，甚至連一些獲得諾貝爾獎日本人也不懂英語。

　　英語翻譯機問世，互聯網免費翻譯也問世，不考英語更有利於本專業學術研究的深入，袁隆平不是外語專家，但並不影響他

成為世界雜交水稻之父。

作為中國碩士研究生和博士研究生衝擊諾貝爾科學獎的必要條件，不少人建議中國教育部高等教育司取消和物理學、化學、醫學、生理學相關的理科、工科、醫科類研究生入學英語考試，改考英語為考中國漢語。

▶ 讓學術回歸本義

評估讓學校很受傷

教育部的評估，逼著學校造假，傷的是學校內在精神。

教學評估與太多的利益牽連在一起，包括學校的地位和知名度，教育部或地方政府的經費投入額度以及學生招生人數等等。為了能在評估中順利過關，各個學校有針對性地進行準備，也就是人們所說的造假：假試卷、假論文、假實習報告、假聽課記錄等。現在各個高校在「迎評」過程中產生的許多奇奇怪怪、匪夷所思的事情，堪稱中國教育界「二十年未睹之怪現象」。

再有就是論文。按照要求，開題報告、論文週記、進度情況都要求有詳盡的記錄，但有些學生已經畢業了，但以前寫的論文還缺少這些項目，高校就要求論文指導老師負責補充。對於學生的論文，如果英文摘要或者標注出現錯誤，還得重新訂正，並將論文重新打印。

有老師說，最反感的就是布置試卷、論文造假，「高校應該是中國社會的良心所在，但諷刺的是，我們這些人卻不得不進行

一場有組織有紀律的造假運動，感覺太傷人了，傷的是學校內在的精神，這個可能暫時看不到，但要多久才能恢復過來」？

面對評估，高校的學子們也神經緊繃。學生們「為了學校的利益」也都轟轟烈烈地參與其中，評估要求有三年的試卷、作業存檔，那就發動現在的學生答幾年前的試卷，寫上別人的姓名，老師還煞有介事地批改打分，幾年前的試卷因此誕生，作業也是如此。

有學生說，真不知道本科教學評估為什麼要造假，看學校的評估，就感覺像看到了一齣活鬧劇，「學校逼老師造假，老師逼學生造假，大學喪失了獨立的大學精神，還能夠開出探索真知的花來嗎？學生走入社會怎能不繼續造假」？

中國人民大學校長紀寶成列舉了高校評估的「三宗罪」：第一，評估太多太濫，缺乏總體設計；第二，教育評估體系、方法單一，拉不開差距；第三評估造假，敷衍了事。

高校評估成了燒錢遊戲、腐敗溫床，說明此項措施要麼過於「早產」，要麼不符國情，有違教育規律。奇怪的是，社會爭議不斷，執掌評估大權的教育部門卻樂此不疲，始終未對公眾質疑作回應，更未對評估制度進行修正。評估必須搞，又難以搞好。問題到底出在哪裡？仔細觀察就會發現，高校評估雖然損害了公眾的利益，但雙方都能獲取不同程度的利益。高校的評估亂象源於體制之弊，要想從根本上革除這些弊病並辦出高水平的大學，就必須明晰產權，解決「所有者缺位」的問題。

重視質量是目前世界高等教育發展的一個重要趨勢，日本高等教育評估制度，對於中國目前正在建立完善高等教育質量保障

體系有一定借鑑意義。

在日本，非常強調評估機構作為「第三方」的地位。所謂第三方評估，就是由文部省承認的獨立於政府的實體，按照文部省公布的標準和組織方法對高等教育進行的評估。作為獨立於政府和教育界的認證機構，不受來自政府和教育界的影響，更有利於提供具有公平性的認證結論。由於大學評估、學位授予機構人員經費靠政府撥款，日本政府還是間接參與高等教育質量評估的。在中國高等學校大都是公立的，教育是政府的職責之一，我們除了認真做好政府主導的高等教育評估工作以外，還應該積極培育社會中介評估機構，建立政府、社會共同構建的高等教育質量評估體系。

日本大學評估・學位授予機構對大學評估有詳細規定，制定了各大學進行自我評估時的實施要點和本機構進行評估時使用的手冊，手冊詳細規定了大學機構類認證評估的評估方法。除了這個手冊外，還有實際評估工作時的操作手冊。中國對於評估工作雖然也有一些規定，但因為還不夠系統，所以已經著手制定「高校評評工作規範」「評估專家守則」等相關文件。

學校自我評估是日本高等教育實施評估最早提出的重要手段和評估制度。日本《大學設置基準》規定，「為提高大學教育研究水平、完成大學的教育研究目的及社會使命，必須努力對本校的教育研究活動等進行自我檢查和評估」，「要求學校建立與之相適應的檢查評估體制等」，同時通過修改大學設置標準使國立大學自我評估帶有強制性色彩，成為一種義務。學校內部的自我評估，可以增強教師自身的改革意識、改善和提高學校教育研究

質量、扭轉重科研輕教學的風氣，成為日本高等教育評估體系中的重要組成部分。

評估工作透明，得到社會的充分理解和監督。日本對大學評估分層次分階段進行，運作過程公正透明。整個評估分四個階段：大學評估‧學位授予機構對評估指標做出說明；參評單位根據評估指標進行自我評估，上交評估報告；由大學評估‧學位授予機構實施評估；由各委員會整理核實結果，將結果反映給參評單位，在一定時間內允許異議，最終將結果公布給參評單位和上級部門，並把評估結果反饋給公眾。一次評估的時間週期大約為一年半。這種公開透明的做法，增強了社會對高校辦學情況的了解和監督，能夠保證參評學校材料的真實性和專家評估結果的公正性。

學術指標化造成急功近利

「十年磨一劍」，常常用來評價一個人對事業的執著追求和最終取得的豐碩成果，許多科學研究也遵循這樣一個規律。然而，隨著近年來「指標化」學術評價體系的引進和推廣，在中國一些高校和科研院所，將發表論文、爭取課題、獲得獎勵等方面的數量、級別，作為教師和科研人員年度津貼、職稱評定、高校實力的重要依據。這原本是激勵科研，結果卻加重了學術的急功近利和浮躁之風。

將科研成果寫成論文，在刊物上發表，本來是學術研究應該主動完成的工作。可是，在陝西師範大學、西北農林科技大學、南京航空航天大學、南京師範大學等學校了解到，發表論文、科

研課題、科研經費、獲得獎勵等方面的數量，成了學校下達給教師和研究生的硬性指標，並與教師待遇、研究生畢業掛鉤，許多師生要像「掙工分」一樣完成任務。

西北農林科技大學對教授的考核要求，除了每年要完成本科生教學四十小時，還要主持一項省部級課題，當年到位經費社科類 5 萬元、自然科學類 10 萬元，完成一篇核心期刊或一級學報論文，這樣才能拿到 8000 元的重點津貼，副授授完成相應的要求才能拿到 4000 元重點津貼。

南京師範大學新聞傳播學院規定，教授每年除了完成 200 分的教學分，還要完成 100 分的科研分，在國內核心期刊發表一篇論文可得 20 分，編一本書可得 80 分，寫一本書可得 160 分。完成分數可以拿到 2.65 萬元的崗位津貼，差一分要扣 50 元。南京航空航天大學教授年度崗位津貼，根據教學、科研完成情況，最高 5 萬元，最低只有 2.8 萬元。

目前高校綜合實力的體現主要包括教學、科研、學科建設三個方面。陝西師範大學教授趙世超說，自從二十世紀八〇年代末期，南京大學率先將 SCI 論文數量引入考核體系，各高校普遍提高了對發表論文數量的重視。目前大學實力的比較中，科研經費、成果、論文、獲獎的數量指標權重較高、浮動較大。既然論文數量是學校實力的標誌，各學校自然希望越多越好，科研項目和發表論文數量便層層分解到老師、研究生頭上，成為重要的考核指標，甚至成為評職稱的主要依據。

江蘇省一些大學教師認為，雖然教師的本職工作是教學，但相對於教學，更容易量化的課題、論文成為評職稱、發獎金的依

據，成了高校社會評價和高校對教師評價的「指揮棒」，使許多「教學與科研並重」高校，實際上重科研、輕教學。

由於沒有完成論文指標，以教書見長的上海交通大學教師晏才宏二〇〇九年去世時，雖然已是五十七歲，職稱仍是講師。

復旦大學官方網站上的「校內公告」曾經貼出一則「復旦大學學術規範委員會通告」，向全校師生通報了復旦大學學術規範委員會對三起學術違規舉報的調查審議結論和處理建議。據說，校方以這種形式面向全校師生公開通報本校的學術違規情況，在國內高校尚不多見。唯其如此，這則在二〇〇七年底貼出的，儘管屬於「2007 年第 1 號」的通告，仍然不失其積極意義。

復旦大學這三起學術違規用「違規」這個留了些情面的詞彙，儘管涉及的領域不同，形式不一，但都離不開「造假、剽竊」的實質。這種嚴重違反學術道德的行為，實際上就是我們通常所說的學術腐敗。與官場腐敗一樣，學術腐敗也大有成為我們社會的痼疾的趨勢。有一種說法是，論文的定量要求導致了學者們不擇手段。對一些小「級別」的人物，可能會是這樣，但對「重量級」的人物則未必然，比如復旦這起「發生在中國耳鼻咽喉頭頸外科教界的『黃禹錫造假事件』」，應當屬於一種學術品質的極端惡劣。像治理官場腐敗一樣，接到舉報並不難，難的是把舉報真正當成一回事，按照舉報的線索很容易地去核實、印證。在許多地方做不到的背景下，復旦大學不惜自曝家醜，真還難能可貴。

一些科研工作者認為，目前中國高校和科研院所普遍實行的評價機制，鼓勵早出成果、快出成果、多出成果，動搖了研究人

員進行原始創新的信心和動力，影響了國家研究水平的提高，也浪費了不少科研經費。

因急於出成果，有的研究淺嘗輒止，有的論文一篇拆成幾篇，數量多了，「含金量」卻大打折扣，有的成果算不上成果，這也是科技成果轉化難的一個重要原因。

科研的精品不一定能按計劃產出，不一定年年都能產出，但為了迎合重數量的考核體系，許多人不願意做風險高、時間長的基礎性研究，而是謀求短期效應，造成大量低水平重複研究，東拼西湊寫論文，再加上一些教育科研人員自律不夠，甚至出現了抄襲造假現象。

抄襲剽竊「零容忍」

目前的評價機制，動搖了研究人員進行原始創新的信心和動力，也浪費了不少科研經費。中國政法大學楊帆教授撰文《抄襲剽竊毀的是民族創新》指出，自二〇〇九年三月中國教育部提出對抄襲剽竊「零容忍」以來，各高校揭露了一批抄襲剽竊，其中涉及一位校長，幾位副校長和院士。但大多數抄襲剽竊行為以「維護學校聲譽」為理由，繼續被掩蓋。這是因為，一部分學校認為掩蓋問題才能維護自己學校聲譽。

現在中國學術教育界似乎有一種包庇抄襲剽竊的共識和潛規則。學術教育界的腐敗在某種程度上比官界商界更加嚴重。大家認為知識分子「兩袖清風」，沒有權力，談不上腐敗。實際上知識界高層掌握的資源不少，而且高度壟斷。國家沒有專門反對學術腐敗的機構和法律，整個社會也沒有形成反對學術腐敗的大環

境。

　　教育部提出「零容忍」的口號，由於受到「潛規則」的強烈抵制而難以實行，但非實行不可。許多研究生基本上採用「先下載，後糅合」的辦法與抄襲只差一步之遙。如果對於教授，特別是名牌大學的名牌教授的抄襲剽竊行為姑息養奸，就斷然不能禁止學生們的抄襲。赦免了以前的，就不能規範以後的。不正師風怎能正學風？

　　教育部提出「零容忍」過去一年，效果如何？復旦大學教授葛劍雄在全國「兩會」上直斥學術腐敗不是「零容忍」，而是「零作為」。因為沒有看到什麼切實可行的舉措，也看不到成立什麼協調小組。行動要拿出來，難道這一年沒有學術腐敗了嗎？難道以前的學術腐敗案子都處理完了嗎？

　　更可笑的是署名權問題。隨著中國研究生教育制度的發展，一些問題開始凸顯並呈不良發展趨勢，那就是導師署名問題。所謂導師署名，即學生的作品在發表時往往掛上自己導師的姓名，而且，第一作者往往是自己的導師。如果學生的作品中確實包含著導師的勞動成果，導師署名無可厚非，而且也應該署名。但現實並非如此，往往是學生的作品一經完成，導師對作品本身只是作些皮毛性工作，然後署上自己大名，就發表了。

　　大學應該提倡一種求真務實的工作作風，應該提倡一種嚴肅認真的科學態度，應該保持一種拚搏進取的學術氛圍。靠學生的勞動成果而成名成家的導師不是好導師，明知學生的論文是抄襲剽竊來的，還在上面署上名，將來付出的代價更加慘重。年輕一代行動上懶惰，道德上淪落，喪失獨立思考的能力和原創性，這

對於任何一個民族來說，都是毀滅性的。

中華民族本來是最具科技創新和文化活力的文明大國，但近代以來喪失了原創性，這是從自己的科舉制度僵化、知識分子腐敗開始的，再以後就是制度腐朽和文化停滯，終於敗於西方。六百年以來世界主要的科技發明、制度創新、競爭活力與文化藝術創造都在西方，至今美國仍占有百分之七十的世界知識產權和大部分諾貝爾科學獎，掌握著信息、生物和新能源三大新科技革命的大部分成果。中國只能依靠模仿、進口和留學，每一項改革都要先看看有什麼國際經驗和先例沒有。這種糟糕科狀況，何談去衝擊諾貝爾科學獎呢？

買賣論文市場大得驚人

武漢大學信息管理學院副教授沈陽和他的團隊用了三年多時間，對買賣論文與非法學術期刊專題進行研究。他手裡有兩組數據。一組是中國現有一般期刊、核心期刊、權威期刊約九四六八種，中國國內二〇〇八年發表於期刊和學術會議的論文約有二四八萬篇。

另一組數據是，中國每年有一百萬高校教師、約一百萬在校碩士生和博士生、超過三十萬科學研究人員、五百萬以上工程技術人員特別是國企工程技術人員、七十萬農業技術人員、三六〇萬以上衛生行業技術人員有論文發表需求，合計過過一一八〇萬人。

包括非法期刊在內，我國買賣論文已經形成產業。據統計估算，二〇〇七年中國買賣論文「產業」規模約為 1.8 億元，到二

○○九年，其規模已膨帳 5.5 倍，論文買賣的銷售額近 10 億元。

此外，反剽竊軟件在全國高教大面積推廣，抄襲論文風險大增。更多買家尋求論文代寫中介，或直接聯繫槍手買論文。論文代寫市場還提供更便捷的服務，如中介和槍手們承諾論文質量有保障，還保證論文具有原創性，不會被反剽竊軟件測出。

論文榮譽市場更是令人瞠目。花上八百元人民幣或更多，賣方能為買方提供論文的國家級評獎（這些評獎大部分都是虛假評價），包括蓋章的評審鑑定和獎狀證書。

據分析，平均每一本虛假期刊刊載 169 篇論文。從 169 名論文第一作者分布看，高校是主動或被動上當受騙的「重災區」。統計第一作者工作單位發現，不少來自國內重點大學。用反剽竊軟件查詢，二○○七年的樣本數據中，72%的文章是全文抄襲，24%的論文為部分抄襲，只有 4%的文章不存在抄襲。

虛假期刊厚度平均為 256 頁。以每頁面 300 元計算，整本可收費 76800 元。為使利潤最大化，不法分子還進行論文評獎，要求用戶附上數百元以參加論文評獎。此部分收入大約每刊可增加 5000 元左右。扣除成本，一期雜誌利潤為 6 萬元，如果一年印十二刊，當年利潤約為 72 萬元。

這些非法期刊湊夠論文就開印。有些非法期刊只有兩個工作人員，卻能同時印刷十幾種非法學術期刊，所牟取的非法年利潤超過 700 萬元。

經手工統計發現，獲獎者遍及全國各地。各地教育機構都以獲獎為榮，並未細查期刊真假。一本非法期刊就有如此多的返回結果和社會影響，可見買賣論文與非法學術期刊對當今中國的數

字出版和學術秩序已構成很大威脅。

論文買賣產業化會對改革形成阻力。買與賣就是利益交換，雙方都有利可圖，利益鏈因此形成，並逐步固化；大家依賴體制又共同維護不合理的體制，從而阻撓對體制的改革。

論文買賣會造成國家諸多事業領域水平下降。發表論文得憑真本事，買賣論文骨子裡就是個「假」字。有論文發表需求的幾乎遍布技術領域。水平不達標的「南郭先生」混進這些崗位，論文發得不亦樂乎，榮譽和資金接踵而來，造成表面的虛假強大和繁榮，內裡其實脆弱、低水平。

論文買賣會損害中國創新能力。不是學術的東西出現在學術雜誌上，現實中又能起到等同於學術的作用，致使真正有科研能力的人也就喪失求是之心、務實之風，對急於在科技領域趕上發達國家的中國來說危害很大。

論文買賣還會造成社會道德水平倒退。買賣論文是不道德的行為，然而壓力超越負疚，利益壓倒恥辱感，久而久之，便不覺其臭，學術神聖性一再降格，倫理標準和道德水平一退再退。不論對社會還是個人，這都是令人遺憾的局面。

論文買賣有太多危害，如果任由論文買賣產業做大做強，最終危害的將是整個國家和民族的根本利益。

科技「趨官」可以休矣

目前，「科研成果出官員，官員『催生』新成果」的現象在學術界一定程度地存在，制約了科研人才的成長。必須建立科學的評價體系，扭轉科研領域的「趨官」傾向。

現在我們常常可以看到這樣的傾向，一些人剛剛在學術上取得一點成就，就希望在仕途上得到發展，似乎這才是對學術成就的肯定。與之相應的是，在研究領域「十年磨一劍」、「板凳一坐十年冷」的人越來越少。在不久前結束的院士大會中，許多院士都提出，必須建立科學的評價體系，扭轉科研領域的「趨官」傾向。

　　全國政協委員、中科院院士李邦河向科學界「官本位」集中開火說，不要以當官的形式來激勵優秀科研人員，因為當官雖然讓他們獲得了地位和金錢，但卻犧牲了大量搞科研的時間，使他們再無成為科學大師的可能，這對國家而言是重大損失。但是，受到「官本位」思想的影響，當官對現在的年輕科研人員有很強的吸引力，再加上政府對科研幹部年輕化的提倡，使得很多年輕人剛冒尖，就被提拔當官了。有希望成為國際一流科學家的年輕人是十分難得的。這是中國的稀有資源，要十分珍惜。政府應以其他方式給他們精神或物質鼓勵，「鼓勵年輕人潛心搞研究，不去爭官當。」

　　其實，不少科研人員熱衷於「從政」也有難言之隱。一些重大科研項目評獎，最後拿大獎的基本上都是當官的。另外從中國科研管理現狀看，不論是科研經費的取得，還是科研成果的鑑定，都需要依賴行政部門，如果能夠謀得「一官半職」，在科研項目審批等方面就可擁有立項的主動權。同時，科研經費、科研設施、科研助手也會有相應的保障。這種科研成果出官員、官員「催生」新成果的現象，目前在學術界一定程度地存在，很令人擔憂。

當然，「學而優則仕」不能一概否定，學問做得好也可能兼具管理才能。但管理和科研畢竟是兩條不同的路子，能夠做到管理、科研兩不誤的畢竟是少數。縱觀科學史上許多重大發現可以看出，偉大的科學家無不懷著對科學的深厚感情，不為利所惑，不為欲所動，耐得住寂寞，忍得住艱辛，幾十年如一日，如痴如醉地潛心研究，有的甚至為了真理獻出了寶貴的生命。過多地給科研人員委以「官職」，將那些有潛質的科學家推到領導崗位，很可能讓他們脫離科研第一線，無法再出什麼像樣的科研成績，結果白白地毀掉了一個好的科研人才。

究其原因，根子還在科研管理體制和評價機制上。學術權力與行政權力糾纏不清，行政職務與學術成果、學術職稱、學術聲望掛鉤，研究職務冠以相應的行政級別，一定程度上制約了中國科研人才的成長。許多人立志當「領導」，而不想做大學問。「立項靠關係，研究靠本事」嚴重影響了中青年學者的學術積極性。

高校去行政化充滿荊棘

對於社會熱炒的取消高校行政級別問題，全國人大代表、中國人民大學校長紀寶成表示：如果官本位是前提，如果全社會都是行政級別為導向，單獨取消高校的行政級別就是貶低教育。因為中國目前是以行政級別來衡量社會地位，住房、醫療、政府談話、民間交流，全跟行政級別連在一起，沒這個什麼都幹不了。根據報導，至少有身分為全國人大代表、政協委員的三名大學校長公開表示類似的看法。

這些校長其實說的都是真話，很正常。但是在高校行政化如

過街老鼠的背景下，這些真話難免會遭到輿論大張撻伐。炮轟真話簡單，消解真話後面隱藏的問題不易。紀寶成認為，中國目前是以行政級別來衡量社會地位……整個社會環境不變，又沒有別的制度設計，單單把學校行政級別取消，學校與社會溝通對接怎麼解決呢？事實的確如此，整個社會唯官唯上，高校又不能隔離於社會之外，如果單純取消高校行政級別，讓高校單兵突進地去行政化，行得通嗎？

對此創辦未久的南方科技大學校長朱清時院士深有感觸。朱校長是高校去政政化的大力倡導者，又是目前國內唯一沒有行政級別的大學校長，他在回顧創辦南方科大的過程時直言「沒有行政級別寸步難行」。行朱院士的聲望和地位，在政府特別關照之下，他沒有行政級別也勉力辦好了一些事務，但能否奢求所有大學校長都是朱清時，都把辦好學校事務的希望寄託於政府的特別關照？僅僅盯住高校，很難把高校去政府化這件事情徹底做好。在所有領域，都應該花大力氣，把附著於行政權力上的過多利益剝離，改變官本位導向，這顯然是全社會的當務之急。

任何改革都不可能一步到位，總是循序漸進的。高校去行政化可以先易後難，先從相對單純的教學、科研事務入手，使各種學術委員會真正發揮作用，恢復學術權力應有的尊嚴和地位。這一步成熟後，再過渡到學校所有事務的民主化軌道，讓教授、學生、行政管理人員各以一些比例進入決策機構。

在全國「兩會」上，南開大學校長饒子和說了一句意味深長的話，「從學校內部講，要強化學生和教授的話語權。這兩個群體的話語權強了，行政化傾向就會弱化。」「強化學生和教授的

話語權」，應該說是校長權限範圍之內能夠著手解決的事情。高校去行政化不妨先易後難，但對校長而言並不輕鬆因為它相當於校長的自我限權、自我革命。可以說，校長是否願意進行這種限權，是考驗是否真正擁護去行政化的試金石。

▶ 中國人為何拿不了諾貝爾獎

中國人為什麼拿不了諾貝爾獎？

諾貝爾獎不只是一項巨大的榮譽，更是一個國家尖端學術實力的結晶。作為世界上人口最多的國家，號稱五千年文明史、擁有十三億人口的我們，在諾貝爾獎長長的獲獎名單上始終是那個似乎永遠靜止的零，鄰國日本卻頻頻得獎，中國人想不通。

很多人抱怨中國科學家與諾貝爾獎無緣，是因為科研經費少。近年來國內科技界、學術界，採取了加大科研投入，有眾多科研與學術人才計劃，期望能推動基礎研究以及學術頂尖人才培養。重點發展生命科學、信息技術環境和納米技術等，但是，有望問鼎諾貝爾獎重大原創成果，還是沒有出現。

百年不得獎，國內有媒體竟然找出理由是低脂、高糖、熟食，使中國傳統飲食嚴重缺乏大腦營養，並呼喚科學飲食觀，沒有科學的飲食營養觀，我們不可能培養出獲諾貝爾獎科學家。

對諾貝爾獎，中國人心中總有一種說不清道不明的心結。為什麼一百多年來獲獎的幾乎都是西方的科學家？中國有著幾千年文明的歷史，尤其是在經濟發展如此輝煌的今天，難道本土教育

出來的人就沒有一個能夠獲得諾貝爾獎科學獎？也正是這種情節，讓更多的人誤讀了諾貝爾獎、更準確地說是誤讀了「科學」的本來意義。

也許實在找不到藉口了，有學者乾脆說：中國不需要諾貝爾獎。其實找藉口總是有的，找這樣的藉口實在難堪。

中國人為何至今未獲諾貝爾獎，應該多從中國自身的體制和文化上找找原因。

一是中國的教育體制和理念是傳統的應試教育。學校對學生上課就灌，下課就考，一考定終身把學生訓練成考試的工具，成為分數的奴隸，著重培養學生訓從聽話，不講突破創新，這種教育體制下培養出來的學生得不到創新獎也就見怪不怪了。

中國的學校政教不分，實行行政化管理，引導大學各級領導追逐官本位，大量時間淹沒在浩繁的行政事業和官場政務之中，哪有多少時間專注教學和科研工作。高校舊體制中很多人自我感覺良好，從教育部到教育局都不思高校改革，最終將貽誤中國家代人。

二是中國科研體制落後也是一個重要原因。中國科研單位大多國有官辦，體制不活，缺乏競爭力。科研人員吃著「大鍋飯」，幹著良心活，也缺少工作動力和緊迫感。由於激勵機制不足，很多人不思創新和突破，致使中國三十年來在基礎科學上沒有全球性的重大理論創新。

現在的科研單位經費不足，基礎科研投入不足，在科技產業化的鼓噪下，科研人員到處找項目，跑課題，為開支和生存而奔波，哪有時間靜心搞科研。

　　科研單位現行的科研導向有誤，不少科研人員搞科研的出發點和歸宿點都集中到評獎、晉職稱和漲工資上來，這種急功近利的價值導向造成科研行業的學術污染，抄襲成風，大家都關心自己的既得利益，無心研究創新和轉化。很多科研成果，本身成熟度不夠，推廣度不高，評獎後往往束之高閣，只有相對的學術價值，根本沒有創新和推廣價值。這種學術氛圍和科研導向，中國怎麼能出諾貝爾獎？！

　　三是中國的傳統封建文化有問題。中國三千多年的封建傳統文化至今流毒根深，官場鼓勵中庸，排斥競爭；學場鼓勵盲從，不思創新；商場中不敢露富，不能冒尖，出頭椽子先爛，木秀於林風必摧之。大家都平庸則平安無事，誰要創新則視為另類而成為眾矢之的。社會上「紅眼病」盛行，嫉妒內耗之風扼殺創新者和改革家。這種封建傳統文化強化官本位，淡化學本位容納平庸人，扼殺創新者，所以中國人到國外，在市場文化的薰陶中，在創新體制的教育下，才出現了楊振寧、李政道、高錕等八位華裔科學家獲得諾貝爾獎殊榮，在中國本土的舊文化和舊教育體制中就難出諾貝爾獎獲得者。相比之下，反思之中，看出了中國教育、文化、科研體制的三大差距。

　　看看我們的學界，從事科學的簡單快樂，早已讓位於複雜的慾望。學術的功利性太強，學術的誘惑太多。學者的內心失去了寧靜，失去了科學最基本的追求。學術腐敗不絕於耳，學術風氣日益浮躁，幾乎所有名牌大學都爆出過學術醜聞，以致於教育部要建立學風建設委員會，以致於百名學者聯名倡議抵制學術腐敗。

科學是老老實實的東西，急不得。愛因斯坦是發現相對論、名滿天下後很久才獲得諾貝爾獎，他絕不是為了得獎而搞研究。二○○九年，華裔科學家高錕以「光纖之父」的名頭獲獎時，已經患了老年痴呆症，只知道自己的太太，不明白什麼是光纖。這就是說，諾貝爾獎是對一個人過去成就的認可，多數情況下，只有本國學界、本國人民認可後，世界學界認可後，才可能登上諾貝爾獎領獎臺。多年來，中國的科學技術最高獎空白，就說明了我們的差距。諾貝爾獎是科技金字塔塔尖，要登上去，必須從最底部開始，一步一步走。

浮躁和急功近利也為當今中國社會的弊病。其實，對諾貝爾獎追求和當年對奧運會金牌的追求一樣，是特定時代的產物。在體育領域，從許海峰「零的突破」到二○○八年的奧運會金牌大豐收，大家的心態從亢奮變得平和，因為大多數人意識到，金牌的數量不等於國民身體素質的提升。諾貝爾獎和奧運會金牌其實是一個道理。

其實得不得諾貝爾獎並不是那麼重要，重要的是目前中國的科技水平，實實在在地落後於世界先進水平，尤其是中國的基礎學科研究方面，與世界科技前沿還存在相當大的差異。不能說中國人不聰明，相反華人的智商應該在世界上是公認的，華人在海外不斷取得各種學術成就，就已經充分地證明了這一點；不能說在中國從事學術研究尤其為從事科研的人數不多，相反是很多很多，學術機構也遍地開花，但大多數這種存在於大學院校或各類究所等事業型單位的科研人員都類似於中國各機關的公務員一樣，不僅僅吃「大鍋飯」，而且人浮於事，大多數人整天就只是

想著抄幾篇學術論文，再憑老資歷和關係混個高級職稱，以獲取與之相對應的待遇，研究生博士或博士後是越來越多，學術水平卻提升得很慢，總是跟在國外科研的後面趕，人家在研究什麼，我們也研究什麼，要麼就是模仿。在中國，雖然學術機構多如牛毛，但真正從事基礎學科研究的人又有多少呢？中國人造飛機最大的瓶頸是什麼？是航空發動機，而航空發動機我們知道它不同於火箭或其他發動機，它要求壽命、可靠性和其他性能指標，是一個必須反覆工作連續運轉的複雜工程，中國造先進的航空發動機的瓶頸又是什麼呢？不僅僅是工藝水平和設計理論，更多的實際問題首先就是製造發動機所運用的各種先進材料，比如一些複合材料、合金材料等等，這些材料雖然民用不多，但航空發動機就必須用到，很多在中國就根本生產不出來，需要從國外比如西方國家或俄羅斯高價進口，有時即使高價也買不到，西方人想方設法地控制，連俄羅斯也經常卡中國脖子。國防工業的水平往往就代表了一個國家的科研綜合實力，並非我們的長征火箭上天了，就代表了基礎科研水平也上去了，我們甚至就連一些芯片也必須從國外弄進來，這就是中國在很多基礎研究領域與國外先進國家存在巨大的差距。

歸根結底，中國人不是沒有創造的能力和勇氣，否則美國的諾貝爾獎得主哪來那麼多華人？中國人不是沒有超前的眼光和思想，只是缺乏種子生長開花、結果的土壤。

中國人這樣看日本人屢獲諾貝爾獎的秘密

日本離我們最近，歷史、文化相通。日本是小國，一百多年

前比我們還窮，還落後。日本一九四九年，獲得了第一個諾貝爾獎，而後屢有斬獲。

二戰後，日本經歷了很長時間的模仿型「技術立國」階段，即積極引進和消化國外先進技術、自身努力開發應用技術。一九九五年十一月，日本明確提出將「科學技術創造立國」作為基本國策，開始重視基礎科學研究、開發基礎技術。可以說，日本近年來頻出貝爾獎獎得主與日本長期以來重視科學技術密不可分。

作為科技立國政策的重要內容之一，日本政府加大了培養人才的力度，出臺了一系列人才培養計劃。例如，「二四〇萬科技人才開發綜合推進計劃」目標是培養二四〇萬精通信息技術、環境、生物、納米材料等學科的尖端科技人才，從根本上改變大學教育體制。「二十一世紀卓越研究基地計劃」，目的是建立一流的人才培養基地，在取得重大國際領進技研成果的同時，讓一批世界頂尖級人才脫穎而出；「科學技術人才培養綜合計畫」，目標培養富有創造性的世界頂尖級研究人員、培養社會產業所需人才等。

此外，日本還加強科研投入，積極改革僵化、分割的舊科研體制，如把文部省和技術廳合併，重點發展生命科學、信息技術、環境和納米技術等，支持企業科研，為了促進成果產業化，還設立專門的技術轉讓機構，以可持續發展為目標，立法確定科研方向，在自己創造有世界水平的成果同時，開展國際合作等。

這些措施成效顯著，如今的日本，在理論物理、克隆技術、納米和新材料技術等領域都位於世界前列，在生物技術、生命科科、信息通信、航空航天、機械、環境、能源技術等領域也取得

了豐碩成果。

日本投巨資建設的實驗設施也為貝爾獎獎的產生創造了優良的研究環境。日本有著世界一流的巨大的粒子加速器和地下宇宙粒子檢驗裝置，此外還有包括宇宙開發、原子力開發、核融合實驗等需要花費巨額資金和大量人才技術的實驗裝備。在理論研究方面獲得諾貝爾獎之後，通過一系列實驗去驗證這些理論，從而再次獲得諾貝爾獎。在日本，這樣的良性循環機制已經逐漸形成。

固然這些制度保障是日本人屢獲諾貝爾獎重要原因，但不能忽視一些人的因素。

田中耕一一直默默無聞，他和美國科學家約翰·芬恩，分別獨立發明了「對生物大分子的質譜分析法」，分享了二〇〇二年諾貝爾化學獎。發明「對生物大分子的質譜分析法」時，他只有二十五歲。對於田中的個人工作和生活，日本媒體沒有太多的報導，甚至連二〇〇〇年獲得同個獎項的白川英樹也稱：「不知這個田中耕一是何許人。」人們只知道，他每天八點前到島津製作所上班，風雨無阻，堅持多年。

二〇〇一年三月，日本在第二個科學技術基本計劃中提出，要在五十年內拿三十個諾貝爾獎。這一舉動當時在全世界引起很大反響，以目前日本科學家的表現看，達到這一目標，似乎還真不是什麼「狂妄之言」。

網上有篇《日本人為什麼屢獲諾貝爾獎？》文章，說得很有道理」

1. 通宵達旦地工作。你問日本科學家屢屢獲得諾貝爾獎問

題，他們會微笑著說：不好回答，可能因為日本人比較內向，比較適合做研究，手比較巧等，不會說出豪言壯語」獲得物理諾貝爾獎的京都產業大學教授益川敏英竟然說自己不喜歡英語，也沒有護照，不想去領。」這說明什麼？說明他長期默默做研究工作，不願意張揚和宣傳」在日本學習生活多年最值得記憶的就是長年如一日燈火通明的研究室的夜晚，快到年終和放假，日本教授、學者經常是通宵通旦默默工作，而不是考核、總結與表彰大會。

2. 研究工作紮實。日本人嘴笨拙，不願意也不擅長表達和張揚，人們驚奇地發現，在日本大學和研究所那些平時最沉默、文靜、內向，不善言辭的教授、學者在若干年後有驚人的研究業績和發現」。我多次問日本學者，他們共同的回答是：日本男人在別人面前隨便說話，以後就很被動，言行不一致會成為一生恥辱，從此大家都不會再信任你」。發現那些教學、科研單位的領導人並不是十分張揚和武斷的人，都是比較沉穩、憨厚、謙讓、理性、尊重大家意願和贏得大家信任的人。

3. 代代相承。外國學者與科學考察團驚奇地發現日本大學和研究所共同的特點是非常尊重科技教育界元老和專家，歷代著名科學家、研究所長、研究室老專家的肖像掛在研究所內或走廊，從明治維新時代開始一代接一代世代相承。這樣氛圍中的科學研究非常紮實，尤其在基礎研究方面世代相承、非常紮實，可以說這是日本幾十年，乃至上百年始終如一不懈努力和實踐的結果，他們如同農民一輩子承包同樣土地，不見異思遷，不投機取巧，不會在研究領域不斷跳板，或被迫改換研究對象和研究內容，一

輩子孜孜不倦地辛勤耕耘自己的研究領域與課題，可以說現在已經進入收穫的時節。

4. 自由獨立研究：這才是研究領域不斷出成果的關鍵。教學科研行政人員層層審批才容易滋生官僚主義、形式主義和腐敗。教師、研究人員，包括博士生導師根據自己的專業和研究方向，在申請書上寫入研究項目和內容，不必層層審批，一定分額的經費就很快撥下來，保障其一到二年的研究。一年如一日，一輩子自始至終、扎扎實實的科學研究，不必特別公關和費心的經費申請渠道，不受干擾的科研環境，這是獨立自由開展科學研究的制度性保障。另外，日本大學多半是研究型大學，以科研帶動教學，而不是教學型學校，自主招生和招聘教授、研究員，以及自主評聘職稱的改革與制度創新，與中國的大學和研究機構相比早已遙遙領先。

5. 充分的時間與空間：日本教授輪流擔任學校的各種職務，會議也不少，但屬於教授治校，累也無怨言。相比之下，值得借鑑的是沒有各種上級部門和本單位行政部門組織的總結、表彰、考核、考試、評比、評聘、學習、會議等干擾和折騰科學家的活動。科學家出成果的很重要的因素之一是尊重科學家的情感，保障研究經費、時間和空間。科學家經常處在不愉快甚至惡劣的研究環境中，是不會有什麼研究業績和發明創造的。基本能自己計劃和支配自己的工作，研究時間和空間、經費基要得以保障，長此以往，不出成績才奇怪。

6. 誠信氛圍：科學家不僅不受來自各方面的干擾，還要有科研環境中的誠信保障。樹立良好的學風，勤奮研究，有成就的科

學家得到全社會的尊重，而不是受到猜忌和指責，在這樣的學術環境中，每個教授、學者一生就有可能在一級學術刊物上發表三十到五十篇的研究論文或報告，在這些科研成果當中出現諾貝爾獎概率已經提高幾十、上百倍。德高望重、確有成就的科學家走上領域導崗位，得到社會尊重，能帶動和領軍科研教學，而不是其他因素，這是取得研究成果的最好保障，世界上最優質的「富士」蘋果、「越光」水稻品種，就是這些世代相承的科學家培育出來的，諾貝爾獎是這樣獲得的，是那些默默無聞地做級輩子研究工作、甘於辛勤奉獻的寂寞者獲得的。

讓科學家安心培育新成果，獨立自由和不受干擾是日本科學家頻頻獲得諾貝爾獎主要原因。

有人總結日本人與中國人科研活動中的區別，也很有啟發性。

日本人追求的是你做了什麼，中國人追求的是你有什麼！

日本人講究科研的原創性，中國人講究什麼是世界潮流！

日本人講究科研的獨立性，中國人講究頂層設計！

日本人講究發表文章有創新內容，中國人講究文章在什麼地方發表！

日本人講究教授說的才是可靠的，中國人講究領導講的才是真的！

日本人講究科研是需要艱苦努力，廢寢忘食的，中國人講究科研也需要注重人際關係和交往！

日本人講究注重培養年輕人是每個科學家和政府的責任，中國人講究尊重院士和特殊津貼獲得者！

日本人沒有年度評價，中國人年年考核評獎！

韓國人這樣看日本人屢獲諾貝爾獎的秘密

韓國很重視科技教育，但至今除了金大鐘總統獲得諾貝爾和平獎外，沒有一人獲得獎項，韓國教育界非常關注已經取得突破性進展的鄰國日本及其科研動向，尤其是高等院校的科研體制、運行機制與國際競爭力，跟蹤研究、深入剖析，發表了諸多分析與評論文章。這些鄰國之間比較分析的獨特視覺和觀點，對於同樣舉國高度重視大學科研和大學競爭力的中國來說是有益的啟示和借鑑。

1. 受各種干擾，不趕時髦學科，長年堅持不懈，潛心研究。

至今日本有四所大學的畢業生獲得諾貝爾獎，其中京都大學畢業生最多，達到五名，東京大學四人，名古屋大學三名，東北大學一名，此外還有大阪大學、北海道大學、九州島大學也在翹首以盼。「地方大學」的名古屋大學畢業生屢獲諾貝爾獎，對此，曾經在名古屋大學執教十年的韓國裔教授趙斗燮說，在名古屋大學，只要擔任專任講師就有可能成為終身教師，當了終身教授就能工作到六十五歲，過了七十歲還可以搞研究。鑽研一個課題達三十年之久的教師在名古屋大學很普遍，韓國大學的競爭過於激烈，沒有精力和情趣做這種長線基礎研究。名古屋大學不同於日本的門面大學東京大學，但能長期深入、潛心研究，這種現象被稱為埋頭「深挖井」。東京大學的政府投入多，發表的論文和成果也多，但這些研究成果大都反映了政府的意向和要求，還有趕時尚學科的嫌疑。東京大學在各級政府教眼皮底下有近水樓

臺的好處，但難免有培養政府官僚和驗證政府某些官員旨意之
嫌，京都大學則引進英國、德國的科學精神和具有學術新潮思想
的「新人」教授，專攻於學術研究，在理上科研究方面走在前
面。東京大學招收學科平均成績和總成績高的「模範學生」，京
都大學則側重招收總成績不算最高但某個學科成績突出的學生。

2. 具慧眼與傳承精神。

日本科學家的獨立、執著與傳承精神從哪裡來？就是來自老
師在一代代教的承，老師也不負眾望，獨具慧眼，發現和培養優
秀學生和出眾人才，這是日本人獨有的傳承精神，體現了「基礎
科學底力」。二○○八年獲得物理學諾貝爾獎的小林誠和益川敏
英，都是二戰以後奠定微粒子學研究基石的坂田昌一教授的弟
子，當時坂田昌一教授就考慮益川敏英的英語比較差，擔心研究
生院不予錄取，便給予免試錄取。為避免影響研究人員的情緒，
坂田昌一教授在研究室內規定不稱呼職務，統一改為姓名後的
「樣」（日本先生的尊稱）。二○○二年獲得物理諾貝爾獎的小柴
昌俊教授的老師是南部陽一郎教授，南部陽一郎教授的老師是一
九六二年獲得物理學諾貝爾獎朝永振一郎教授，朝永振一郎、小
林誠、益川敏英教授都是憑藉一九四九年獲得物理學諾貝爾獎湯
川秀樹教授一九四六年創刊的科學雜誌上發表的論文得了獎。

3. 自由、平等、獨立教究。

屢得諾貝爾獎的京都、名古屋兩所大學的研究。風氣都有一
個特點，就是自由、平等、獨立、開放式思考、討論和使用科研
儀器設備，不界定和束縛學生的思維方式，開放式使用和管理是
京都大學試驗設施一大風景。很多名古屋大學任過教的教授們都

都留戀該大學能自由、平等討論的學術研究氛圍。二○○二年，只有大學學士學位的田中耕一獲得化學諾貝爾獎，正是因為喜歡科學研究，他選擇了能自由、平等、獨立、專心從事研究工作的小公司，獲獎後公司給予公司理事職位和待遇，但他謝絕後繼續專心於研究員的生涯。

4. 直感與靈感。

長年潛心研究和積累固然重要，但科學研究離不開科學家的靈感和直感。下村修於一九六二年在海蜇中發現綠色螢光蛋白並應用於治病，獲得諾貝爾化學獎。益川敏英教授是在家洗浴時突然想到微粒子結構理論，這是他長期潛心思考與研究的結果。南部陽一郎在看到一位客人用右手拿起桌子上的餐巾後，其他人也順序拿起右側餐巾的現象時得到啟發，終於破解了物質從對稱轉為非對稱的原理。

二○○二年獲得物理學諾貝爾獎小柴教授曾說，走別人的路是愚蠢的，探知未知的領域，沒有人教你，也不知結果會怎樣，但要珍視這種探知的直感和慾望，這種直感越磨越有價值。不分白晝，從裡到外冥思苦想，卻能萌生靈感和創意。這是基礎研究，一百年後也不知其有沒有實用價值，但這是對人類文明和知識財產的貢獻。

5. 啟蒙教育。

二○○八年獲得物理學諾貝爾獎南部陽一郎教授回憶他在初中學習期間，對拼圖、猜謎等遊戲倍感興趣的往事，他從那時起開始對物理學研究產生濃厚的情趣。二○○二年獲得諾貝爾獎田中耕一在小學五年級的時候，擔任理科科學課的澤柿老師上的一

堂實驗課，使他一輩子忘不了，這對他熱愛和從事科學研究影響極大。澤柿老師在課堂中作了白糖加硫酸的試驗，在盛有白糖的玻璃杯中注入硫酸後攪拌，白糖逐漸變黃，隨即又變黑並迅速膨脹，像火山迸發一樣衝出玻璃杯，這一現象使在場的孩子們驚奇萬分。

對二〇〇二年獲得諾貝爾獎小柴昌俊教授的影響，是在他中學二年級的時候，他的中學老師送給他一本科普書籍，書名叫《物理學是如何形成的》。從那時他對愛因斯坦的相對論有了粗淺的認識，對物理學有了濃厚的興趣。曾在二〇〇一年獲得諾貝爾化學獎的名古屋大學野依良治教授在十二歲時，他的父親曾帶他參加了公司的一次技術成果發布會，對知識就是力量有了最初的認識，這一認識影響了他的一生。一九七三年獲得諾貝爾物理獎的芝浦工業大學江崎玲于奈教授在四到五歲時，第一次看到發出美妙動聽的音樂聲的手搖留聲機，誘發了他童年的好奇心，後來小學老師問他將來長大了幹什麼？他認真回答說，像愛迪生那樣當科學家和發明家。

一個人在幼年時通過接觸大自然，第一次對科學倍感興趣，萌生探究科學的最初天真的興趣和慾望，這是非常重要的啟蒙教育和科學萌芽，這應該是通往產生一代科學巨匠的路，理應無比珍視、精心培育、不斷激勵和呵護，對中小學的科學啟蒙教育應該很好地研究和總結。在啟蒙教育的基礎上，還要重視創造性教育，不要迷信權威並束縛自己，珍視最初萌生的感知，丟棄無用的信息，要不斷奮爭。

6. 論文轉載率和科學家精神。

據二〇〇三年的調查統計，獲得諾貝爾獎科學家論文被其他論文所轉載的次數中物理學獎為五五〇八次，化學獎為四八七一次，超越這個次數的日本科學家已經有二五八人。無論何時獲得諾貝爾化學獎，人們都不會驚奇的日本科學家隊伍物已經有二十多人。

7. 重視基礎研究的評價體制。

重視基礎學科的研究，也是日本屢得諾貝爾獎的重要原因，與韓國等其他國家相比，在日本從事基礎學科的研究，不會擔心受到冷落或失去飯碗，科研經費充足，不受政府與社會的諸如考核、評價、聘任制等各種干擾，可以長期潛心從事研究。另外，與要求兩年內儘快出成果的學研評價制相比較，允許一個科學家十年不出成果的重視長線、基礎研究的科研評價體制和機制，也起到了重要作用。

8. 日本的經驗、教訓和借鑑意義。

在韓國教育家眼裡日本的教育界、科學界雖然有很多值得學習和借鑑的優點和長處，但和目前的韓國一樣也有不少問題值得注意，如年輕人逃避學理工科現象、日本特有的師傳弟式研究模式既有長處，又缺乏銳意和獨創精神，理工科留學海外學生日益減少等，正在制約著日本的創新研發。為打破這種僵局，日本政府於一九九六年制訂了科技發展規劃，力求確保高質量的博士後研究人員隊伍。

鑑於大部分亞裔獲得諾貝爾獎的科學家，都是在剛露頭角的年輕科學家負責的研究室學習和研究過的人，因此，與其聘請即將退休或已經退休的諾貝爾獎獲得者，還不如選派年輕教師和科

研人員到將露頭角的年輕科學家引領的研究室學習和研究。此外，建立開放的國際研究機構也很重要，更重要的還是尊重科學家的國家領導人與國家府策，因科學的魅力是夜以繼本從事研究的科學家，珍惜和愛護這些科學家的社會風尚，只有這樣的社會土壤才能贏得韓國科學的未來。

第七章 ——

美國與中國周邊安全環境

中國需要轉變角色，這既是中國的利益所在，也是世界格局變化的結果。一方面，中國需要推動由西方主導的不平等的世界政治、經濟秩序的改變，為中國、為發展中國家爭取平等的秩序和規則，另一方面，在當今世界，重大國際和地區問題，沒有中國的參與也無法推動和解決。中國應該參與主導世界，調整自己在國際社會中的角色。

面對中國的崛起，世界霸主美國地位岌岌可危。美國是一個講究現實的國家，一方面讓中國成為「利益攸關方」，另一方面利用中國周邊的複雜形勢，阻礙中國的和平崛起與走向國際。

中國面臨的外在困境是周邊的形勢複雜化，特別是涉及領土爭端。朝核問題、東海之爭、臺灣問題、南海亂局等，無一不是美國明裡暗裡埋設或挑起來，針對中國的陰謀。歐巴馬政府高調「重返亞洲」以及加強美印全方位合作，則被視為公然遏制中國的陽謀。

如今中美之間上演的大戲讓人聯想到昔日日美之爭。日本的教訓讓我們看到追求大國夢很艱辛。在大國之路上，過去用戰爭手段，充滿血腥，如今用經濟和政治手段，充滿各種陰謀和陽謀。過去用實力，現在還要實力加智慧。

溫家寶在十一屆全國人大三次會議會見中外記者時指出，現在輿論上已經出現了「中國傲慢論」、「中國強硬論」、「中國必勝論」的觀點。

「中國堅持走和平發展的道路。中國的發展不會影響任何國家，中國不發達的時候不稱霸，中國即使發達了，也不稱霸，永遠不稱霸！」

在涉及中國主權和領土完整的重大問題上，即使是中國很窮的時候，我們也是錚錚鐵骨。

中國是個負責任的國家，中國主張並積極參與國際合作，解決當前國際經濟和政治的重大問題。中國對不發達國家實行的援助是不附加任何條件的。

▶ 全球體系變化中的中國因素

中國成為焦點

中國與世界達到了前所未有的高度關聯。如今，世界各個角落發生的事件，無論涉及國際政治、經濟、軍事，還是氣候、環境、公共衛生、安全都有可能直接或間接地與中國掛上鉤。迄今為止，除了企業主動「走出去」戰略，基本上是中國被動捲入國際事務。之所以說是「被捲入」，從原因上分析：一是中國政府韜光養晦，「一心一意」謀求發展，目光主要集中於國內事務，不想過多分心於國際事務，客觀上並不想過多參與國際事務；二是，西方國家拉中國參與國際事務，其目的是讓中國承擔更多的義務；同時，利用國際事件（主要是負面的）影響中國的正常發展和對外交往，拖延和阻攔中國的發展進程。世界的既得利益者、規則制定方，對後來追趕者的挑戰有著天然的敵意。隨之，進行防範和設置障礙，客觀上也屬正常之為。

國際體系正上演戰後以來第三次大的變動。戰後初期，挾戰勝國之威風，政治上，美國通過建立聯合國；經濟上，推動建立

貨幣基金組織和世界銀行，確立美元為國際主要儲備貨幣的地位，美國控制了世界政治與經濟的主導權，這一階段美蘇霸權之爭，在非洲、亞洲、拉美你爭我奪，搞得全球雞犬不寧。東西方兩大陣營，經過四十多年的對抗，一九八九年「冷戰」結束，以美國為首的西方世界宣告「終結了社會主義」。

意識形態上的對立暫告段落，為經濟全球化消除了政治上的障礙。從二十世紀中晚期，世界藉助信息科技的進步和跨國資金、技術、商品的大流動，全球化得到空前的推進。美國的霸權地位達到了歷史頂點。物極必反，「一超」地位讓美國目空一切。布希政府執政八年採取的「單邊主義」政策，架空聯合國、肆意入侵阿富汗和伊拉克，讓美國掉入政治和經濟的兩大困境之中。禍不單行，一邊窮兵黷武，一邊大發美鈔，大搞所謂的金融創新，導致次貸危機的爆發，美國至高無上的國際地位岌岌可危。發展中新興經濟體實力的上升，直接引發戰後國際體系第三次大的變動。國際體系從美蘇兩霸──七國集團（G7）──八國集團（G8）──二十國集團（G20），目前正處於 G8 向 G20 轉變的進程中。發達國家在全球治理中無奈向新興國家分權。當然，每一次國際體系的變革，都將經歷一個漫長的博弈過程。

中國在世界上越來越受關注，這一點在全球金融危機之後更加突出。全球為何把焦點對準中國？事物總處於此消彼長的過程。我們可以得出這樣一個結論：中國受關注的原因無非有兩個，一是別的國家的地位相對下降了；二是中國的作用與影響力提高了。看看二〇〇九年，影響世界重大事件中，中國成了不可或缺的角色。不管好與壞，不管是積極的還是消極的，這個星球

上發生的大事都直接間接地與中國扯上一點關係。

二〇〇九年年底的哥本哈根聯合的氣候峰會，中國政府提出了大幅減排目標，在大會幾近無果而終之際，又是中國與美國及印度、巴西、南非等國協商，達成一個無約束力的協議，為今後的談判創造了條件。但一些別有用心的國家仍指責中國破壞氣候大會的進程。哥本哈根大會也許成為國際秩序、遊戲規則重新制定的一個轉折點，打破了幾百年來全球事務一直由西方說了算的格局。中國第一次明確地對西方陣營的無理要求毫不含糊地說不。那種認為中國在重大國際問題上可以任意被發達國家左右的想法已經過時了。在新世紀首個十年即將結束之際，以哥本哈根會議為標誌，全球的力量對比、角色轉換開始轉入軌道。

美國次貸危機引發的全球百年一遇經濟危機加速了世界格局重新調整的進程。經濟危機成就了中國地位的上升。在所有發達國家陷入嚴重的經濟倒退的嚴峻局面下，中國依靠四萬億的投資，藉助強有力的內需擴大政策，經濟保持了高速增長。IMF、世界銀行，在二〇〇九年一年內幾次調高中國經濟增長的預測。中國的「保八」拉動了世界經濟和亞洲經濟。據權威機構估算，中國對二〇〇九年世界經濟增長貢獻率超過百分之五十。而在二〇〇七年，這一數字為百分之二十。

隨著中國影響力的上升，世界政治、經濟版圖出現劇烈地變動。按中國官方說法是國際格局正在發生「大變化、大調整」。一直主導世界政治、經濟的西方發達七國加俄羅斯的「G8」，已失去往日榮華。「G8」與「G20」並行，而「G20」取代前者只是時間問題。世界大事由西方主要大國協商而定的日子已難以為

繼。這是現代國際政治史上，國際關係史上發生的具有顛覆性意義的大事。

政治上的變化，是基於實力的對比。國際主要經濟機構的國際貨幣基金組織（IMF），世界銀行也處於變革之中。IMF 投票權的調整，世界銀行和 IMF 領導由歐美人擔任的傳統遭到挑戰。林毅夫（世行副行長）、朱民（現中國人民銀行副行長、IMF 特別顧問）等一批中國人進入國際經濟機構的主要領導層。中國政府已表示出積極參與全球事務的姿態。

歡迎進入新的秩序，但你得負擔責任。美國人要求中國成為「負責任的大國」。中國很負責任。從全球政治到經濟，從重大國際問題到地區和平，中國政府付出巨大的精力，並極力營造和平大國的形象。但正如一個新來者總會受到各種排擠一樣，國際既得利益者總是不停地對中國指指點點。既想得到中國的幫助，又看不得中國的地位上升，對中國充滿著複雜的心情。

關於中國的新聞報導每日見諸於國際權威的媒體上面，但報導的角度充滿著矛盾。從中我們看到西方的期盼與焦慮。「中美強國地位大轉換開始加速」、「中國已經是一個起飛大國」、「中日 GDP 逆轉的衝擊」、「美歐聯手指控中國貿易保護」、「中國在非洲的發展改變了非洲大陸的地緣政治」、「我們需要中國成為更負責任的大國」這些都是西方媒體見諸日常的標題。讓我們摘抄其中的幾個片段。

英國《衛報》二〇〇九年四月二十日文章，「在經濟危機的刺激下，全球強國地位的大變動開始加速」（作者馬丁・雅克）「我們已經進入了少有的歷史時期之一，其特徵是全球霸權地位

從一個大國轉移到另一個大國。上一個這樣的時期是一九三一年至一九四五年之間以英國結束金融勢地位，被美國取而代之為標誌。……新出現的這個時期以中國崛起，美國衰落為標誌。」「現在可以十分清楚地看出，中國正準備在國際金融事務上發揮積極的干預作用。鑑於全球金融危機擺在了各項議題的首位，再加上改革現有全球金融秩序已經變得無法抗拒，中國態度的轉變會產生深遠的影響。無論從當前這場危機中中美變出的是何種的體系，中國都將扮演核心的角色。」

法國《回聲報》二〇〇九年十二月二十一日《當中國顯露自己的時候》文章寫道：「哥本哈根會議的失敗進一步確認了即將過去的這一年的年度大事：中國突然躋身世界外交和競技平臺的最前沿，與美國平起平坐。中國真的成為世界的中心，但要希望按照國內的成功模式來談判它在全球化中的地位……在過去一年中，中國要求完全自主選擇發展方式，給每一次調控世界經濟增長的努力都造成壓力。」

澳大利亞《悉尼先驅晨報》十二月二十二日文。「鄧小平為保障中國在世界的地位曾經提出『冷靜觀察，穩住陣腳，沉著應對，韜光養晦，有所作為』的方針。過去中國遵守了這個方針。今年中國放棄了外交清靜無為的作風，並且在國際舞臺上展現了同其在全球經濟中的分量相匹配的影響力。……二〇〇九年，中國不斷增長的政治力量已經成為國際政治中一個不可迴避的事實。那種認為中國在各個問題上的立場可被任意左右的想法已經成為一種落伍的幻想。」

英國《每日電訊報》十二月二十一日文，「我們需要中國成

為更負責任的大國。」「儘管中國經濟力量雄厚,但從未如此大膽地顯示這種力量。西方領導人看來當真受了震動,這表明他們有點天真。戈登‧布朗首相談到某些國家應該為『敲詐』行為受到譴責,但沒有點中國的名字。英國能源和氣候變化大臣米利班德卻沒有這樣的顧忌,指責中國『否決』了制訂二氧化碳排放的目標的實施提案。這種找替罪羊的做法沒有好處。中國實際上在減排方面已經比世界上其他任何國家做的都多。中國已經是經濟強國,而且在很大程度上正在變為環保強國。北京憎惡西方國家的訓斥並不奇怪;這些國家無休止地談論減排,自己所做的遠不及中國。」

《日本朝日新聞》二〇〇九年六月二十八日文:「日本自一九六八年以來始終保持著世界第二,亞洲第一經濟大國的地位。不過被中國取代只是一個時間問題。」二〇〇九年日本通商白皮書指出:「二〇〇九年中日兩國的 GDP 可能將發生逆轉。今年正值中華人民共和國建國六十週年,在這樣一個值得紀念的年分 GDP 超越日本,無疑將大漲中國的國威。」

世界關注中國的目光是複雜的,有幾分期盼又有幾分擔憂。期盼中國能為世界貢獻什麼,擔憂中國是否會顛覆現有的國際秩序。西方發達國家擔憂居多。全球發展中國家則希望中國能有更多的作為,改變由西方主導幾百年的世界。發展中國家和發達國家間的和平衝突將以二〇〇九年的哥本哈根氣候峰會為標誌全面展開。不難預想,在今後的國際重大問題上,傳統弱勢的發展中國家發在中國、巴西、南非等發展中大國的帶領之下,在國際貨幣體系、金融體系、環境保護等領域向發達國家發起挑戰。

中國面臨的國際環境

在國際上對中國經濟一片叫好聲中，也有不乏客觀冷靜的聲音。冷靜分析，現實中國面臨的「國際環境」同樣不輕鬆。

作為一個社會主義的國家，在資本主義國家（西方）占主導地位的國際秩序中，想要擠入主流社會，首先遭遇意識形態和社會制度的天然障礙。

意識形態和社會制度的差異，是戰後兩大陣營對立的結果。從一九四五年到一九九〇年，蘇聯瓦解，在長達近半個世紀的時間裡，以美國為首的西方陣營憑藉著強大的經濟實力和軍事技術優勢，構築反社會主義的陣營，並不計成本地醜化社會主義國家，在西方民眾中形成根深柢固的敵對情緒及對社會主義國家的無知。即使在今天，整個西方陣營反華大合唱仍然沒有「謝幕」。一些政客把中國當議題，拉選票，部分西方媒體迎合受眾，爭取銷量。西方民眾長期受「教育」，而對中國產生負面印象。

二〇〇八年奧運火炬傳遞過程中在各國遭遇的阻擊（特別是法國、英國、澳大利亞、美國、日本）一幕，令國人今後幾十年都難以釋懷。中國人民百年一次的大喜事，西方國家政府和無知民眾是如何看待的。相信這些所謂的民主國家政府完全有能力控制局面，而讓火炬在本國內順利傳遞。他們做了嗎沒有，很遺憾。這也給中國國內的「哈洋一族」當頭一棒。像法國、德國澳大利亞之類的國家，在爭取國家利益時，可以向中國妥協。會幾句中文的為了討好中國，就在電視裡賣弄幾句發音不太準的中文。法國的總統薩科奇、澳大利亞總理陸克文的表演，中國民眾

看得真真切切。

二〇〇八年的西藏「3・14」事件和二〇〇九年的新疆「7・5」事件後，西方媒體的不顧事實的煽動性報導，讓我們看到西方媒體反華的本性。說到底，西方主流媒體掌握了世界的話語權，非西方國家的聲音傳不出去。而 CNN、BBC 覆蓋全球的電視、網絡，24 小時不間斷地報導，造成嚴重的信息不對稱。謊言說一萬遍就成了真理，這就是當今傳媒世界的真實寫照。

除了社會制度和意識形態的這一因素外，現有國際體系的創立者也是既得利益者對中國這一後起大國的加入抱有深深的疑慮和戒備心。

中國重新崛起加入世界大國行列，不僅與現有的發達國家有一磨合和利益重新調整的過程，與其他發展中國家也面臨各種利益的調整。中國的發展存在不確定性，中國與世界大國的關係也存在不確定性。從不確定到確定注定是一個漫長的過程。這一過程實際上是相互試探、相互適應的過程。既得利益者對後來者天然地抱有敵意和排斥心理。而擁有世界四分之一人口的大國、中國的發展模式以及對現有秩序和規則的看法，都將受到各國緊張的關注。

過去的爭霸，從西班牙、葡萄牙、荷蘭到英國，都通通戰爭手段奪取霸權。美國則是利用一戰壯大力量，利用二戰基本確立霸主地位。隨著科技進步，美國以其強大的科技、軍事、經濟實力搞垮了對手蘇聯。這一結果的發生，不是用戰爭的手段而是通過「冷戰」，利用經濟和制度的吸引力。與人類歷史過往霸權國爭奪採取戰爭手段的形式不同，鑑於當今全球化的深入發展，各

國間的相互依存度（經濟上）日益提高、大國間擁有相互摧毀的軍件能力的「恐怖平衡」，很難想像用戰爭這種極端的手段來爭奪霸權。

面對中國的崛起，世界霸主美國地位岌岌可危。美國是一個講究現實的國家。二〇〇五年，當時布希政府的助理國務卿佐利克提出讓中國成為「負責任的大國」及「利益攸關方」，意在讓中國成為美國的幫手。「負責任大國」，負什麼責任？在美方的眼裡就是讓中國繼續維護美國制訂的戰後世界秩序，支持現有的國際規則。而這些都是有利於美國，有利於西方世界。

讓中國成為「利益攸關方」，說白了就是把中方和美國綁在一起。「利益攸關」包括兩層含義，一層是中美兩國是現有世界秩序和規則的受益者，美國藉助於美元儲備貨幣地位的優勢，靠發行美元就獲得結算貨幣巨大利益，甚至操縱世界經濟；中國加入世界貿易組織後，利用低成本優勢而實現了經濟擴張；另一層含義是，中美成為利益共同體。美國向中國提供市場，中國向美國提供資金，維持美國消費和填補其巨額的財政赤字。中國擁有2.4 萬億美元的外儲，其中大部分用於購買美國的長短期國債和證券。中美經濟的互相依賴度達到前所未有的地步，因此，成為名副其實的「利益攸關方」。

中國面臨的外在困境是周邊的形勢複雜化，特別是涉及領土爭端。儘管與俄羅斯、中亞諸國完成了領土劃界工作，但與印度的邊界劃分仍處於僵持階段。邊界衝突危險呈上升趨勢。而南中國海的形勢更為複雜，越、菲、印尼、文萊諸國以國際勢力為後盾，以小欺大，不斷侵占南海小島。美國的參與更使形勢進一步

複雜化。另一方面，中日東海劃界和釣魚島問題，以及美國政府刻意製造緬甸局勢不穩等等，都對中國造成巨大的外交壓力。

二〇〇九年，美國全面加強同印度的政治、軍事、經濟合作，高調宣稱「重返東南亞」，其意圖十分明確，通過與中國周邊國家的合作，遏制中國在亞洲的影響力。

中國應逐漸融入現有的國際體制，而不是一味地挑戰和改變現有體制。藉助新興國家的集體力量，而非僅以一國之力改變由西方國家主導的不合理國際體系。中國在發展進程中，戰略上將長期處於守勢。目前，國際的語境並不有利於中國，但已有一定的改善，體現了「中國軟性外交」的結果。

曾經引起國內外高度關注的《大國崛起》（人民出版社出版）對中國未來（戰略）路徑作了客觀冷靜判斷。「一個多世紀以來，還沒有哪一個後進的大國能夠躋身於發達國家行列。」「一方面，歷史證明，孤立於國際體系之外不可能跟上世界發展潮流，難免陷入更強落後被動的境地。向現有秩序挑戰往往收效甚微，甚至不得不承受巨大壓力。另一方面，完全做體系的追隨者以求躋身強國之列，或超越現階段國際體系的現實而追求世界範圍的政治經濟利益，要實現中國的崛起也無異於緣木求魚。」

「中國對外關係中將長期處於戰略守勢，忽略這一點，戰略思考就多易犯冒進的錯誤。中國與外部世界適應和調整彼此的關係，還需要很長的時間才能完成。」

朝核問題——中國面臨的安全環境威脅之一

朝核問題從二十世紀九〇年代產生至今已有二十年的時間，

從中國牽頭六方會談走過七個年頭，逐步成為東亞局勢緊張的源頭。朝核問題實質上是朝美之間的博弈，背後也有中俄朝與美日韓的較量，再往遠的說是東西方對立及朝鮮戰爭源後遺症。

在大國中，中美對於朝核問題有共同的利益，即都不希望因朝核問題引發東西的不穩定，都不希望因朝鮮擁有核武器，而引發本地區其他國家的核訴求。當然，中美在這個問題上也有不同的目的，中國希望朝鮮半島保持和平，通過對話走判解決朝核問題，維持周邊安定的環境，避免中國的現代化進程受到干擾；美國以朝鮮徹底「去功能化」為前提，意在留下對朝干涉的機會。

美朝博弈朝核問題

朝核問題的實質當事方是美國和朝鮮兩個國家，六方會談中除朝鮮以外的五國都反對朝鮮發製造、擁有核武器。朝鮮追求擁有核武器有種種目的，但最關鍵的是美國的因素。美國對朝鮮構為安全威脅。

半個世紀前的朝鮮戰爭結束後，半島兩邊依「三八」線而治，有三點七萬名美軍士兵在韓，為東日本美軍基地之外，美國在海外駐軍最多的地方，一九九一年之前，美國在韓國部署二六〇〇件核武器，對朝鮮（當然也對中國和前蘇聯）構成了嚴重的威脅。

朝戰停戰協定以後，朝鮮一直尋求與美國簽訂互不侵犯的協定，美國未予理會。二〇〇三年，美國藉口伊拉克薩達姆政權擁有大規模殺傷性武器，在 IAEA（國際原子能機構）和美英檢查小組查核多年一無所獲的情況下，未經聯合牽授權，悍然踐踏

《聯合國憲章》，對伊拉克一個主權國家發動軍事進攻，用武力推翻別國的合法政權，這就更加劇朝鮮受美國攻擊的擔憂。當然，這種擔憂不是沒有道理的，畢竟，有阿富汗、伊拉克的前車之鑑。朝鮮作為一個國土沒有縱深的小國，經不起美國的先發制人的打擊。朝鮮在其安全保障沒有得到美國保證的情況下，把建設核設施、開發核武器作為安全防禦前和美國討價還價的籌碼。

朝鮮認為，美國從未放棄過敵視朝鮮的政策，一直沒有中斷過對朝鮮的軍事威脅和戰略圖謀。這使得朝鮮「不得不採取決定性的手段維護本國的生存」。朝方堅持只有在朝美之間簽訂和平協定，建立信任關係，制定保障朝鮮半島和平的體制，消除爆發戰爭的危險性，才能為實現半島無核化創造良好氣氛。

朝核問題的實質是由於美朝長期軍事對峙，引發的朝鮮對國家安全的擔憂。與美國對日本、韓國提供核保護相比，俄羅斯（前蘇聯）和中國並沒有承諾向朝提供核保護，中俄並沒有在朝駐軍，朝也不願意讓外國駐軍。美國在日本、韓國設立軍事基地，對包括中、朝在內的國家構成威脅。朝鮮謀求與美國開展直接雙邊對話，簽訂和平協定，結束自朝戰以來的敵對狀態。而美國要求朝鮮必須先行棄核，才能談美朝恢復正常關係。客觀來講，朝核問題美國是始作俑者。

自二十世紀九〇年代以來，朝朝核問題時緊時鬆，時進時退，這種反覆與美國對朝鮮的政策調整有關。在柯林頓時代，朝美雙方關係有所改善。一九九四年十月，在日內瓦簽訂的美朝核框架等協議使朝核問題一度降溫。布希上臺後，將朝鮮與伊拉克、伊朗一道列入「邪惡軸心」，二〇〇二年代，朝核問題再度

緊張，朝鮮決定解除核計劃的凍結。

　　美國對朝關係正常化開出政條件是，以徹底棄核為前提，才能與朝鮮簽署互不侵犯條約。美國拒絕與朝鮮進行任何有實質內容的雙邊對話，即使開始雙邊對話，也是為了說服朝鮮重返六方會談。美國的策略很明確，就是不想單方面承擔解決核問題所產生的政治和經濟代價，拉著中俄日韓，讓大家一起分擔責任；而且，美國對朝鮮方面的承諾持有強烈的不信任。

　　再一方面，出於對東亞戰略的考慮，美國並不希望朝核問題迅速徹底地解決。這就是美國對朝鮮的建議反其道而行之的重要原因。二十世紀九〇代以隨著冷戰的結束，朝鮮半島趨於穩定，南北對話進展順利，朝鮮始推行經濟善革。二〇〇二年，日本政治怪人小泉純一郎首相訪問朝鮮，朝日關係大為改善。朝鮮的國際形象有了一定程度的改善，東亞安全趨於穩定。而這一切似乎在脫離美國的情況下，由東亞國家自主主導所形成的一種良性局面，是美國所不願見到的。

　　亞太地區是美國全球戰略的重要一環，美國必須掌握亞太重大事項的方向。朝鮮半島局勢的積極變化，不符合美國的國家利益，如同對待中國大陸和臺灣一樣，朝鮮半島不和、不統、不戰符合美國最大利益。如朝鮮南北統一，美國在南方待不下去，就會失去亞太的一個重要橋頭堡。一旦從朝鮮半島撤出駐軍，勢必對駐日基地構成壓力。因此，美國牢牢掌握朝核問題的主動權，並不想這個問題的徹底解決。這就是為什麼，當朝核問題看到曙光時，美國出招激怒朝鮮，又陷入僵局的原因。

　　隨著美國遭金融危機重創，國力相對下降，國際地位和影響

力衰退，世界重心由西方向東方轉移，美國更專心於鞏固其在世界各地的戰略地位。朝核問題同南海問題、中國統一問題一樣，是美國為維持其在亞洲地區戰略主導權所能夠打的為數不多的幾張牌。如果朝核問題解決，東亞的合作進程將消除重大障礙。

二〇〇八年，金融危機後，東亞的經濟合作非常順利，中國東盟自貿區已於二〇一〇年一月一日正式啟動，東盟 10＋1、10＋6 東亞峰會，美國都被擱署在外。日本的政權交替民主黨擊敗長期執政的自民黨，並且提出日本在美國和亞洲之間保持平衡的外交政策，讓美國警惕其失去對東亞事務的主導權。鳩山內閣對美外交作了大膽地改變，提出日美對等，從印度洋撤回供油船，要求美軍基地搬離。特別是鳩山首相提出東亞共同體的設想更觸動美國的神經。

美國當然不會坐視失去對亞洲特別是東亞事務的主導權。朝核問題是美國攪亂東亞自主合作的手段，所以不要指望美國會主動讓步，按照朝鮮的要求，締結互不侵犯條約。朝鮮半島統一，東亞經濟一體化，不符合美國的戰略利益。

中國捲入朝核問題

隨著朝核問題的演變和事態的日趨複雜和嚴重，中國也逐漸捲入事件之中，並成為重要且難以躲避的當事方。

進入新世紀，中東政府判斷未來二十年國際格局將進入大調整、大變化的時期，但對中國來講，仍是二十年的黃金發展期，世界大戰打不起來。中國政府極力維持大國間的平衡，並努力穩定與周邊國家的關係，爭取有利於發展的和平國際環境。

對於朝核問題，中國之所以願意牽頭搞六方會談，主要有三個方面的考慮：一是不讓朝核問題影響中國的正常發展，保持周邊的穩定；二是體現負責任大國的形象，樹立正面積極的國際形象；三是防止核擴散，如果允許朝鮮擁有核武器，或許導致日本、韓國對擁有核武的要求。

　　由於特殊的政治和地理上的原因，中國捲入朝核問題也實屬無奈。朝鮮對於中國是戰略上的屏障，儘管中朝關係並不如過去「同志加兄弟」那樣密切，中國在朝鮮和朝核問題肩負更多的政治、經濟和道義上的負擔，又要忍受朝鮮魯莽的舉動，但也絕不能讓朝鮮落入美國的勢力範圍，那樣將對中國安全構成重大威脅。中國的東北、華北地區，如失去緩衝地帶，將面臨著兵臨城下的困境。朝核問題的主角原本是朝鮮和美國，中國成為主角之一，既出於本國及地區安全的考慮，也出於體現大國責任，樹立正面和國際形象的考慮。

　　中國政府對於解決朝核問題堅持三條基本原則：一是，實現朝鮮半島無核化；二是，主張通過對話用外交和政治手段解決問題；三是，維護半島的和平與穩定。

　　中方開始時把朝核問題視為朝美之間的問題，希望朝美通過對話解決各自關切的問題。二〇〇三年三月十日江澤民與布希通話時曾經也表達這種意思。江澤民表示，我們歡迎美方表示願意通過對話和平解決有關問題。對話問形式不是最重要的，關鍵是雙方是否有誠意，對話能否有實質內容和結果，是否有利於實現半島的無核化、是否有利於解決美朝各自關切的問題及維護半島的和平與穩定。在這個階段中方只是扮演一個調停者的角色。

但隨著朝鮮問題的複雜化和長期化，中方發現這個問題並不像原來設想的那麼簡單。國際上一般認為中國對朝鮮有話語權，把朝鮮視為中國的勢力範圍，中國為此付出重大的經濟、政治和道義的代價。事實並非如此。在朝鮮認為需要時就配合一下；認為不需要時，中國的調解空間非常有限。朝鮮宣布徹底退出六方會談，對中國外交可以說是沉重一擊。

國際上已把朝核問題當作中國的問題，視中國為解決朝核問題的關鍵角色，中國既要為朝鮮提供糧食援助，提供石油，以防止朝鮮國內動盪，又要忍受朝方的非理性的舉動，但實際上這些是中國為確保地區穩定，維護中國經濟發展外部環境須付出的代價。還有一個重要考量，就是極力避免因朝鮮擁有核武器而引發日本、韓國對核的訴求。目前階段，中美共同努力讓朝鮮棄核，而日本、韓國也受美國的核保障，加之日本國內反核傾向，這個問題暫時還不會出現。美國利用朝核問題牽扯中國，醉翁之意在於，用朝核問題干擾中國的發展，阻礙東北亞、東亞地區的合作進程，繼續維持其在該地區的主導權和影響力。朝核問題徹底解決了，美國手中就將缺少一張牌。

中國主導的朝核問題六方會談，目的是穩定周邊，體現負責任大國的一種主動行為。在美國看來，是中國協助其維護世界現狀的舉動。朝核問題上其實真正博弈的就是中美朝三方。日本是藉機嚷嚷，壓朝鮮在「綁架日本人」問題上讓步；同時，作為世界上唯一遭受核武器攻擊的國家絕不希望一個不按規則出牌的國家、尤其是敵對鄰國擁有核武器。日韓均在美國「核保護傘」下，並不懼怕朝鮮的「核訛詐」。俄羅斯雖作為朝鮮的鄰國，但

其主要精力放在歐洲，參與六方會談主要目的在於體現大國的價值，藉機與美國討價還價。俄羅斯在朝核問題上，絕不會採取像反制美國在東歐布置反導導彈那樣強硬的手段。

中國政政府二十一世紀頭二十年當作發展的黃金時機，只要今後再平平穩穩發展十年，屆時，中國的國力及在世界上的話語權就不可同日而語。這就要求有一個穩定的國際和周邊環境。中國政府主導六方會談的重要目的之一，就是維持朝鮮半島及東亞的和平與穩定。當然，朝核問題也是中國政府把同美國討價還價的一張「硬牌」。與中國相比，美國更懼怕朝鮮擁有核武器。美國政府雖然把朝鮮從「支恐」國家的名單上拿了下來，是為了緩和與朝鮮的關係，利誘朝鮮棄核。美國由於其自以為是的對外政策和動輒武力干涉別國，遭受恐怖威脅和核威脅的風險遠高於其他國家。在美國眼裡，金正日統治下的朝鮮變化無常，擔心朝鮮向其他國家輸出核技術、核設備，在世界範圍核擴散，造成難以收拾的局面。而美國又到處樹敵，一旦更多敵對國家掌握核技術、擁有核武器將對美政造成現實的威脅，同時嚴重削弱美國對別國的核威懾力。

歐巴馬政府把上臺一年後，加緊對中國的圍堵步伐，重返亞洲和美印合作，售臺武器，會見達賴，製造美中貿易經濟摩擦等一系列的舉動，反映出美新一屆政府的政策轉向。美從伊拉克和阿富汗抽身，中國將面臨來自美國更嚴峻的挑戰。美國在其西方盟國釋放出願與阿富汗塔利班對語的信息，從伊拉克撤軍，標誌著美國戰略重點的轉向，把美國拖在伊拉克和阿富汗應該是中國的戰略重點。美國政府在近二十年的時間裡，在朝核問題上不停

地做文章，除了防止核擴散，消除對美核威脅之外，利用朝核問題制約中國也是其重要考慮之一。

美國的「雙重標準」與朝核問題前景

核擴散已成為新世紀全球面臨的又一重大威脅。有一種說法是蘇聯解體之後，核技術流出，加速了核擴散。但鑑於美國在核的問題上採取的「雙重標準」，使得核不擴散成了紙面上的約束。既然美國可以拿核作交易，為何別的國家要遵守不擴散的義務呢？目前，世界上除了美、英、法、俄、中五大核擁有國家外，以色列、巴基斯坦、印度、朝鮮、伊朗以及敘利亞都已確切地擁有核武或被懷疑嘗試開發核武器。這些國家擁有核技術、核武器的動機與美國有著直接的關係。以色列是美國安插在中東地區的一顆孤子。由於美國的支持，使得以色列在四周敵國的處境下，處於不敗之地。歷次中東戰爭以色列屢戰屢勝，沒有美國的支持是不可想像的。以色列擁有核技術是鐵板釘釘的事。

印度是美國核交易的第一個對象，美印雙邊簽了協議，美國承認印度核大國地位，大大提高了印度的國際地位。美國的意圖很明確，那就是遏制印度的鄰居中國。印巴是死對頭，一九九八年，兩國家乎前後腳進行核試，但美國承認印度核大國地位，巴基斯坦沒有得到承認。中巴是傳統盟國，這一點也許能說明些什麼。敘利亞死以色列的對手，朝鮮是日本、韓國的對手。美國在日韓駐軍針對中朝。六十年前的朝鮮戰爭結束，美朝敵對狀態至今未結束。

美國在核問題上採取「雙重標準」，如同在其他國際問題一

樣，只要符合美國的利益。美國一方面恐懼核擴散，怕核武器流入「基地」等國際恐怖組織的手裡。但另一方面，又允許一些國家開發核技術，拿核作交易。美國政府把敘利亞、伊朗、朝鮮等國列入「支恐」國家行列，並縱容以色列攻擊敘利亞境內的疑似核設施；脅迫其他大國對伊朗和朝鮮進行制裁，實在是對國際社會的嘲弄和對安理會其他常任理事國的調戲。所以，在朝核問題上，中國政府應從本國利益出發，有所為、有所不為。在美國全然不顧中國核心利益，在臺灣、西藏等涉及中主權問題上肆意挑戰時，應該在伊核、朝核及其他涉及全球重大問題上，對美進行反制。中國的外交不能僅停留在嘴上功夫，應該拿出實實在在的反制措施。讓美國感到痛，才會使美國政府有所收斂。中國有中國的底線，讓美國人明白這些底線不能碰，碰了就可能觸雷、觸電，就可能引發衝突。中國政府也應作好遭受相應損害的心理準備。

從二十世紀九〇年代東西方冷戰結束以來，由於美國一霸超大，對外採取單邊主義的強勢政策，一些被美國視為敵對的中小國家，千方百計地尋求擁有核武器，以核作為對抗美國的軍事侵略。伊朗、印度、巴基斯坦、朝鮮、敘利亞等，「核熱點」不斷湧現，防止核擴散成為全球大國特別是美國的頭等大事。

核武器是戰後大國間維持「恐怖平衡」的最後手段。二戰之後，世界沒有再發生大戰，大國間擁有相互摧毀對方的核武器起到關鍵作用。而一旦核武器落入一些小國，特別是不負責任，容易走極端的國家手裡，不可測的因素就大大增加。特別對以老大自居、頻頻干涉別國的美國來說更增添受攻擊的危險。防止核擴

散，這一點上世界大國擁有共同的利益，雖然有點自私。

中國一九六四年核試成功，「兩彈一星」的出現，成為中國戰略安全的重大保障。中國政府對外承諾不首先使用核武器，不對無核國家使用核武器。但擁有核武，本身是對別的國家有一種戰略的威懾。中國自鴉片戰爭以來，屢屢遭列強侵略。新中國成立，毛澤東下大決心，勒緊褲腰帶實現「兩彈一星」，確保國家不再受侵略。為確保對周邊國家的戰略優勢，中國政府並不希望出現由於朝鮮擁有核武器導致周邊國家和地區核氾濫的局面。

從目前看，六方會談似乎已走進死胡同。二〇〇八年朝鮮炸毀寧邊冷卻塔，美朝關係一度出現改善的跡象，布希政府將朝鮮從「支恐戰家」名單刪除，但美仍保留限制美國與朝鮮資產交易等制裁措施。但朝鮮的讓步並沒有換來美國、韓國的援助承諾。韓國李明博總統上臺後，對朝鮮採取了與前一屆政府截然不同的強硬政策，導致半島上兩國關係急遽惡化。

二〇〇九年四月，朝鮮進行衛星發射，美日韓懷疑朝鮮在試驗導彈發射，在聯合國發表聲明，譴責朝鮮的行為。五月，朝鮮第二次進行核試，遭到包括中國在內的國際社會的強烈譴責，朝鮮宣布永遠退出六方會談。

二〇一〇年一月十八日，朝鮮外務省提出，在討論朝鮮半島無核化問題之前，要首先討論締結和平協定；在重開六方會談之前，要首先解除對朝鮮的制裁。朝鮮的核心要求是與美國展開雙邊談判，締結互不侵犯條約，確保國家安全不受威脅。同時，以棄核為條件，爭取國際援助的最大化，以緩解國內嚴重的經濟衰退局面。

歐巴馬二○○九年一月就任總統後，朝鮮問題被置於相對次要的位置，美國新一屆政府全力應付金融危機引發的國內經濟衰退以及撤出「兩個戰場」、伊朗核問題，一時無暇顧及朝鮮，朝鮮感覺被美國及國際所忽視，朝鮮國內的政權交接及經濟困局，使得金正日政權通過發射衛星、實施第二次核試來吸引全球的注意，壓美國在簽訂互不侵犯條約和經濟援助上做出讓步。朝鮮自認為以實質上的核國家身分，在與美國談判中抱有更大的籌碼，朝鮮的一系列挑釁性的舉動，使朝核問題再次陷入緊張的對立狀態。

　　歐巴馬政府對朝政策基本沿用了上一屆政府的做法，保持與朝接觸，但堅持在六會談似的框架內解決朝核問題；同意保證朝鮮安全，但以朝鮮放棄核計劃為前提，堅持以多邊而非單邊的方式解決朝核問題，盡量藉助中國對朝鮮的影響力。朝鮮在現階段美國全球戰略重點中排序靠後。美國在必要時，將把朝核問題作為大國博弈，特別是壓制中國的一個籌碼。中國在協調解決朝鮮問題時，應認清美國企圖；同時，對朝鮮有保有壓，對美有配合有鬥爭，保持客觀、靈活、中性的優勢地位。

▶ 南海問題──中國面臨的安全環境威脅之二

南海關係中國未來

　　一個新興大國的崛起之路注定是不平坦的，儘管中國在歷史上曾經是東亞地區一個擁有絕對影響力的大國。也曾經是占世界

GDP 四分之一的經濟大國。中國崛起意味著世界利益格局的重新分配。作為現今霸主的美國絕不會坐視中國的上升。

所謂南海問題，指的是南海周邊的六國七方，即中國大陸和臺灣、越南、馬來西亞、印度尼西亞、汶萊和菲律賓，在南海島礁歸屬和海域劃之上存在分歧和爭端。對於中國與南海周邊國家而言，南海涉及領土和資源之爭。對於中國與美國來講，南海問題就更涉及戰略層面。對中美來講，在軍事意義上南海是必爭之地。

在全球戰略地圖中，南海是連接太平洋與印度洋、亞洲與大洋洲的要道，作為世界海運量第二大的海上航道，南海是東盟各國和歐、美、日、俄、澳等主要經濟體的海上航運生命線。經過這一海域的國際貿易量占全球貿易量的 80%左右。日本、韓國 90%的石油進口要經過南海運輸，南海地區出產的液化天然氣四分之三運往日本，美國從亞太地區進口的各種重要原料九成左右要走南海航線。美國在全球控制十六個海上交通咽喉點中，麻六甲海峽、巽他海峽和望加錫海峽這三個都在南海附近。如此重要的戰略地位，加之南海周邊國家刻意以極為優厚的合作條件把眾多區外大國拉入南海油氣開採項目讓它們在南海擁有較重的利益，區外國家對南海問題的介入程度越來越深，南海問題的國際化程度和國際關注度都日益增高。

從地理上看，南中國海被中國、越南、印尼、汶萊、馬來西亞和菲律賓所包圍，如同一個內海。中國自古以來對南海擁有無可爭辯的主權。從發現、命名海沙群島，實行對南沙群島持續行使主權管轄，中國有歷史和法理依據。自唐代以來，中國已把南

沙群島列入中國的版圖，大量的中國官方文件、地方志和官方區圖均把南沙群島列入中國領土範圍。

世界各國都一直承認中國對南沙群島的主權，包括美國。在美、英、法、日、德等國家出版的地圖都明確標註南沙群島屬於中國。就連越南在一九六〇年、一九七二年出版的世界地圖和一九七四年出版的教科書都承認南沙群島屬於中國領土。

從二十世紀六〇年代以來，隨著南海油氣資源逐漸被發現，南沙群島周邊國家開始不顧歷史事實，紛紛非法實際控制島嶼。在南沙群島一八九個已命名的島、礁和暗灘，暗沙中，已有四十六個島、礁分別被周邊國家占領。儘管中國政府在處理與周邊國家領土、領油紛爭上提出「擱置爭議、共同開發」的主張，但從現實來看，中國政府釋放出的善意，並沒有得到相關國家的積極響應。相反，北起日本，南至越南、菲律賓、馬來西亞等國採取武力手段，變本加厲利用依靠國際勢力和反華媒體，在國際上大造輿論，宣揚中國的威脅，對屬於中國主權範圍內的周嶼進行實際控制。某些國家刻意製造南海問題的國際化，並利用聯合國海洋機構搶先提案，占取主動地位。

根據《聯合國海洋法公約》所有締約國必須在二〇〇九年五月十三日前提交專屬經濟區和大陸架劃界案給聯合國劃界委員會。菲律賓、馬來西亞、越南、日本等紛紛向該委員會提交劃界案。聯合國大陸架界限委員會成立於一九九七年。一九九九年五月十三日該委員會制定出供各國提交劃界案參考的「科技指南」。一九九九年《國際海洋法公約》的締約國共同決定，對在一九九九來提加入《公約》的國家，在「指南」通過後的十年內

提交劃界案。

南海問題對於中國有三個方面的重大利益。第一是主權和領海權益。史實證明，中國對南油及其島嶼擁有無可爭辯的主權。第二是資源利益。南海被稱為「第二個波斯灣」，油氣資源豐富。中國從一九九三年起由石油生產出口國轉變成為石氣進口國，進口依賴度已經超過 50％的程度，二〇〇九年達到 52%，僅次美國成為世界第二大石油進口國。可來想像，隨著中國經濟的持續發展和生活水平的提高，生產和生活兩大需求必然大大提高對石油的依賴程度。一九六八年，聯合國亞洲暨遠東經濟委員會「亞洲外島海線域礦產資源聯國探勘協調委員會」提出的勘察報告稱，越南沿岸之鄰近海域、南沙群島東部和南部海域蘊藏著豐富的油氣資源。據專家預測，南海（中國傳統海疆線內）的石油資源為 367.8 億噸，天然氣為 75539 億立方米。根據二〇〇四年《中國海法年鑑》的計算，到二〇〇三年為止，南海東部和西部探明的油氣儲量為：油氣 3.28 億桶，天氣為 31121 萬億立方英尺（1 立方英尺約合 0.028 立方）。在周邊國家爭奪最為激烈的南沙海域，將至少可來找到 50 個油氣田，總探明可開採的油氣達 20 億噸，天然氣達 4000 億立方米。如能有效利用，對中國的經濟持續發展至關重要。第三，也是最重要的是南海的戰略地位對中國極其重要，是中國的生命線。這裡面包含兩層意思，一是南海是中國海軍進入印度洋的必經之路。若失去對南海的控制，則將失去自由出入的生命通道；二是中國資源能源的供給線。非洲和中東的油氣，由南海起點，經印度洋、阿拉伯海、紅海（亞丁灣）的海上航線是中國海軍必須確保安全的。隨著中國全球經

濟利益的擴大，保護國家的經濟、商業利益成為頭等大事。

南海問題的複雜性在於，不僅僅是中國與南海周邊鄰國的問題，與美國之間的控制反控制，更加重了複雜程度。解決南海問題在「擱置爭議，共同開發」的大原則之下，同時必須作好外交和軍事兩手準備。以史為據，以法服人（國際法），以利誘人，以力威人。不戰而屈人之兵當然為上策。但面對南海周邊小國利用中國政府穩定周邊、以對話解決爭端的態度，瘋狂而無理地搶占島嶼與資源，中國政府必須拿出應對措施。

南海問題中國應對之策

南海問題的熱度正在上升，某些當事國試圖把問題國際化，這當然不是中國所樂於見到的。而且，美國在火上加油，不斷加強與東南亞相關國家的軍事聯繫，暗中支持有關國家與中爭奪領海主權，增加了問題的複雜性。

中國政府本著「擱置爭議，共同開發」的原則處理與周邊海上鄰國的領海主權爭端。這一原則由鄧小平在一九八四年提出。中國的用心、出發點當然是好的，也出於中國發展需要有一種良好的周邊環境的考慮。但這個大原則的前提是相關國家也有意願同中國共同開發，不爭議。但事情沒有按中國設想的方向發展。這個大原則的另一個問題是主權爭議始終要解決的，擱置並沒有真正解決爭議。

二十世紀七〇年代起，越南、菲律賓、馬來西亞等國以軍事手段占領南沙群島部分島礁，並進行大規模的資源開發活動。到二十世紀九〇年代末期，這些國家在南沙海域鑽井一千多口，發

現含油量超過二百個和一八〇個油氣田。南沙海域鄰國占有南沙群島，目的在於通過開發分享油氣資源，擺脫能源依賴。越南、菲律賓、馬來西亞等、汶萊等國對南沙海域油氣資源的掠奪主要是通過與英美國等國大石油公司的合作進行的。目前已有美國、日本、英國、義大利、法國、俄羅斯等國家的壟斷石油公司在南沙海域擁有「石油租讓區」進行勘測活動。這些地區外國家利益的介入，使南沙問題國際化趨勢明顯，南沙爭端也更加複雜。

在整個南中的海，中國大陸實際控制東沙、中沙、西沙群部。越南占了南沙西部海域，菲律賓控制南沙東北部海域，來西亞控制南沙南部海域。印尼單方面宣布專屬經濟區，深入我海疆線以內五萬平方公里；汶萊也提出對南沙群島的南通礁的領土要求，企圖劃分中 3 萬平方公里的海域。

南海問題進入二〇〇九年異常熱鬧。二〇〇九年五月十三日是各國提交 200 海里大陸架分界案申請的最後時限。於是，菲律賓、馬來西亞、越南就紛紛拋出各自的劃界方案，企圖趁機霸占中南海領海。二〇〇九年三月十日，菲律賓總統阿羅約簽署了領海基線法案，將中國領土黃岩島和南沙群島的幾個島嶼劃為菲領土。五月六日馬來西亞和越南聯合提交了大陸架劃界案，幾乎把南海南部瓜分完畢。五月七日中國常駐聯合國代表團照會聯合國秘書長，指責該聯合劃界案「嚴重侵害了中國在南海的主權，主權權利和管轄權」。就在同一天，越南又單獨提交了一分大陸架劃界案，聲稱其對西沙群島和南沙群島擁有「主權」，把南海北部都劃入越南的「大陸架」和外大陸架。

針對菲、越、馬以及日本的領海劃界方案，中國外交部向聯

合國界限委員會和聯合國秘書表明了中國政府強烈反對的態度。隨著全球資源日益短缺，世界各國把目光轉向海洋和海底世界，少數幾個有實力的國家甚至把目光轉向外太空。當然，從成本和技術的角度，海底世界開發更可行。

就目前狀況來看，中國政府對待領海劃界問題絕不可以再一廂情願地擱置矛盾。爭議已經不能再擱置，共同開發前景也並不樂觀。這就需要反思過去的做法，做出更現實更有利的應對之策。對於南海問題，需求外交、軍事和民間三管齊下。

一九八四年，鄧小平提出「擱置爭議，共同開發」的主張。他指出，「南沙群島，歷來世界地圖是劃到中國的，屬中國，現在除臺灣占了一個島以外，菲律賓占了幾個島，越南占了幾個島，馬來西亞占了幾個島。將來怎麼辦？一個辦法是我們用武力統統把這些島收回來；一個辦法是把主權問題擱置起來，共同開發，這就可以消除多年積累下來的問題」。一九九〇年，中國政府對外正式提出了「擱置爭議，共同開發」南海的主張，以期通過和平談判的方式共同開發，與南海周邊國家解決問題。這一方針也用於與日本在東海的爭執上。但相關當事國並沒有把中國的善意放在心上，而是繼續我行我素，繼續擴大侵占島嶼，實施共同開發。某些國家拉美英等國的大公司一起共同開發，而不是與中國共同開發，企圖利用英美等西方勢力壓制中國。二〇〇二年中國與東盟達成《南海各方行為宣言》，為維護南海的和平與穩定、促進合作創造了條件。

二〇〇二年，中國與東盟各國在金邊簽署了《南海各方行為宣言》。宣言確認中國與東盟致力於加強睦鄰互信夥伴關係，共

同維護南海地區的和平與穩定；強調通過友好協商和談判，以和平方式解決南海有關爭議。在爭議解決之前，各方承諾保持克制，不採取使爭議複雜化和擴大化的行動，並本著合作與諒解的精神，尋求建立相互信任的途徑，包括開展海洋環保、搜尋與求助、打擊跨國犯罪等合作。這一宣言是中國與東盟簽署的第一分有關南海問題的政治文件，對維護中國主權權益，保持南海地區和平與穩定，增進中國與東盟互信有重要的積極意義。

二〇〇五年三月，中國、菲律賓、越南的三家石油公司又在馬尼拉簽署了《在南中國海協議區三方聯合海洋地震工作協議》。隨著中國與東盟關係的不斷深入，經濟上，二〇一〇年啟動自貿區。政治上，二〇〇三年十月，中國作為東南亞區外大國第一個正式加入了《東南亞友好合作條約》，同時雙方宣布建立戰略夥伴關係。中國政府願意與東盟各國做好鄰居、好夥伴。但是涉及國家核心利益，矛盾就不可避免。有些國家把中國維護和平大國形象作為要挾，不斷地擴建、加固在南海所占島嶼的各種設施，包括飛機跑道等軍事設施。

二〇〇九年，馬來西亞的總理登島宣示「主權」。有些國家甚至屢屢關押我正常作業的漁民，試圖通過頻繁不間斷地宣示「主權」、島上駐軍，以實際控制南海諸島，迫使中國讓步。對此，中國政府既要說理，以理服人，必要時也要採取實際行動維護中國家主權」。

首先，在外交上，要加大中對南海主權的宣示。中國最早發現南沙群島，歷代政府對南沙群為行使主權並實際管轄，史料和國際共識都不可否認。從最早發現到開發利用，到世界各國官方

出版的各類《世界地圖集》以及各種文獻和權威的百科全書，均明確地表明南沙群島屬於中國領土範圍。同時，要在國際上強調「擱置爭議，共同開發」是中國政府解決問題的良好願望。但主權在中是前提，主權問題不允談判，以免相關當事國做出戰略上的誤判。

其次，中國政府需要做出實際行動，做好軍事準備。中國希望保持和平局面，這並不意味著中國的軟弱和無休止的退讓。二十世紀七○年代西沙海戰，中國教訓了一下越南。當然，中國應儘力避免軍事衝突。最近實施的漁政船巡航執法，實際行使中對南海的行政管轄。這也是對有關國家挑釁行為的一種回應。

最後，民間的力量也不可忽視。中國有大量的學者、研究人員，應加大在國際場合以史實宣傳我對南海無可爭辯權。政府不必怕亂，日本的右翼分子到釣魚島登島，建燈塔，實際上是得到政府默許的。中國有大量的愛國人士，不如放鬆這一方面的管制。

美國利用南海問題遏制中國

美國自二戰後憑藉其強大的經濟、科技和軍事實力成為世界霸主。之後藉人權、民主、和平之名，對發生在世界各個角落的、被認為涉及美國利益的事務，美國幾乎無一例外地進行干預。美國需要敵人。這是一個沒有對手一天也活不下去的國家。美國一年軍事費超過 5000 億美元。二○○八年，美國的軍費達 5485 億美元，中國 636 億美元、英國 573 億美元、法國 525 億美元、日本 427 億美元，美國的軍費比排在他後面十個國家合在

一起還要多。美國軍費基地遍布全球各個角落。可笑的是，美國還不斷指責中國、俄羅斯、伊朗、朝鮮等國對美國利益構成威脅。

目前，全世界最亂、最血腥、最殘暴的兩處戰場都是美國軍隊在那兒。第一次海灣戰爭一九九一年老布希打了伊拉克。這次攻打得到了聯合國的授權，原因是薩達姆政府入侵科威特違反國際法。但是二〇〇三年小布希藉口薩達姆政，擁有大規模殺傷性武器，在未取得聯合國授權的情況下，大舉入侵一個主權國家，美國違反了國際法。在伊拉克，無論是美國中情局、國際原子能機構、英國情報機構至今都拿不出伊拉克擁有大規模殺傷性武器的證據。美國就是這樣一個國家；想打誰就打誰，完全不顧國際公理的一個單邊主義的國家。

在中國南海問題上，美國的表現無出其右。美國對亞洲的戰略基本上是希望亞洲穩定，維持其他亞洲的強大影響力。美國當然不希望亞洲出現挑戰者，無論這個挑戰者是其傳統盟國日本，要是不同社會體制的中國。當日本可能成為其挑戰者時，美國會毫不手軟地進行反擊。所以，對於美國政府，其戰略是一貫的，在任何時候中國政府和民眾都不應抱任何幻想。美國需要你時會拚命拉你，當不需要你時會一腳蹬開。一切服從於美國國內政治和國際戰略的需要。

中美在南海的軍事對峙已不是一兩天的事了。二〇〇九年三月八日，美國海軍第七艦隊所屬「無暇號」監測船未經允許在南海中國專屬經濟區活動，中國外交部指責美方此舉違背國際法和中國法律的相關規定。當天，「無暇號」遭到中國海洋局、漁政

部門和中國海軍五艘船隻的圍堵。美國國防部三月九日稱，「無瑕號」距離中國海南島約120公里的海域進行測量，那裡是國際海域，執行測量任務的船上沒有重型武器，船上人員都是平民身分，美方向中國政府提出正式抗議。三月十一日，中國外長楊潔篪與美國國務卿希拉蕊在美會晤後，當天美國軍方派出「鐘雲」號驅逐艦，為繼續在南海活動的「無瑕」號護航。

　　美國對中國海軍的活動十分在意。不斷加強在我近海的偵察活動，雙方擦槍走火事件不斷。從二十世紀九〇年代中期以來，美國海軍測量船每年保持一至二艘的規模在中國近海海域活動。美海軍「鮑迪奇」號測量船還在中國海軍專屬經濟區海域用拖曳式聲吶實施水下監聽作業。

　　「無瑕號」事件自然會讓中國人民聯想起二〇〇一年的中美撞機事件。二〇〇一年，美偵察機在中海南島偵察，遭遇中空軍飛機攔截，美機撞中飛機，致使中飛機墜海，飛行員失蹤。中國政府放回美機及機上軍事人員，此舉也引起國人的強烈不滿。當時的中國政府不想美國關係破裂，按中國話說，小不忍則亂大謀。所來，本來中國政府完全有理由按照國際準則，國際法及中國法律，依法對美軍飛機和人員進行審判。為了避免對抗，中國作出了重大讓步。美國政府連一個美元都未賠償，完全是強盜國家的行徑。但八年後，美海仍在東海、南海的中國自領海海域頻繁地對中進行軍事偵察。

　　二〇〇九年七月，美國參議院外交關係委員會亞太小組主席韋布公開宣稱，美國應該為南海地區其他國家提供保護傘，保護美國石油公司在南海海洋的開採行動，避免中國實施「軍事恫

嚇」。從此君發言足見美國人的蠻橫、無知與霸道。是美國的軍艦在中國領海晃悠，而不是中國軍在佛羅里達州美國西海岸出沒。「美國一直把太平洋當作自己的一個湖，把中國當作我們要特別關注的海邊地產」。美國《赫芬頓郵報》三月二十四日的一篇文章這樣寫道。「設想一下中國派船只在距離聖地亞哥 75 英里的水域做一點監測工作。畢竟，那裡是國際水域而北京有興趣了解美軍海軍基地的潛艇戰鬥力情況，美國肯定會派船只叫中國人退後。但美國軍艦在距中國海軍基地 75 英里處偵測，美國人理直氣壯地說，我們將繼續在這些國際水域作業，我們希望中國遵守這方面的國際法。」不知白宮新聞發言人季比斯說的是哪個國際法，中國政府簽署了《聯合國海洋法公約》，而美國卻沒有。而「公約」明確規定「專屬經濟區應用於和平目的」。而季比斯所說的「國際法」是指美國的「國際法」，也就是按美國海軍「先例」建立起來的、符合於維護美國海洋霸權的「國際法」。美國「國際法的習慣法」中只有「領海」和「國際水域」之分，沒有《聯合國海洋法公約》中的「領海」、「領海毗鄰區」、「專屬經濟區」及「公海」的概念。對於別國的「領海」，按美國標準在有 12 海里。這就是美國霸權。

美國傳統傾向是避免捲入南海爭端。美國對南海問題一直保持「不介入」的立場，畢竟，南海距離美國 1.2 萬公里。即使二十世紀六七十年代，南海發現油氣資源，菲律賓、越南等國開始侵占中國南沙海島，美國政府也始終保持中立。

但冷戰結束後，美國對南海的政策由不介入轉入有限的介入。通過聯合軍事演習，美國公司參與共同開發的形式明裡暗裡

地支持南海周邊小國對中領海的侵占行為。

　　《聯合國海洋法公約》在一九九四年十一月十六日正式生效後，美國政府的南海政策由「不介入」修訂為「介入但不陷入」。次年美國國務院制定南海政策稱，美國對南海保持和平與穩定有著長久的利益，突出美國對「航行自由」的基本利益。美國海通過重返東南亞，加強在太平洋和印度洋的軍事存在，力圖把持南海地區安全事務主導權；構建多邊安全機制，加強在南海地區對中國的監視和偵察。也就是美國在政治、軍事上主導南海事務，進而加強其在亞洲的影響力和存在；在經濟利益和資源爭奪上，通過與東盟相關國家的合作，爭取更大的利益。而其在南海問題的所作所為最重要的目的仍在於遏制中國。美國擔心中國與亞洲特別是東盟各國日益深化的經濟聯繫，有損美國在亞洲的經濟利益。

　　二〇一〇年，中國與東盟自貿區的啟動，注定雙邊的經貿又將上新的臺階美國絕不會無動於衷。歐巴馬政府上臺後，加強美印關係，加入東南亞合作條約，重返東南亞，其意圖十分明確，從兩邊夾擊中國，遏制中國的發展。另一方面，從軍事角度，美國對中國的海上遏制戰略是其不變的傳統。美國對中國的「島鏈」戰略，主要目的在於封鎖中國海上的出口，威脅中國的海上運輸線。戰後，美國把北起日本列島、琉球群島，中至臺灣，南到菲律賓作為封鎖中國的「第一島鏈」也就是中國的黃海、東海到南海都處於美國對中戰略封鎖的第一條島鏈。「第二島鏈」指從小笠原群島、硫磺列島、馬里亞納群島、雅浦群島、帛琉群島和哈馬黑拉馬等島群。「第三島鏈」主要有夏威夷群島基地群

組成。冷戰時期，美國通過與日本、韓國、菲律賓、新加坡等國家的軍事合作，建立軍事基地，封鎖中國。

冷戰結束後，隨著日韓等國要求調整美軍基地，以及中國海軍出海能力的強化，美國加強了在第二島鏈中部關島基地的軍事力量。從二〇〇三年起大幅增加軍力，把 B-2 隱形戰略轟炸機，AGM-86 型巡航導彈、大型兩棲攻擊艦和核潛艇四類最先進的戰略武器配置到關島基地群。在第一島鏈，美國通過與東南亞的反恐合作，美軍重返菲律賓，並獲得馬來西亞、汶萊等國的基地和港口停泊艦隻、起降飛機的權利。新建了包括新加坡樟宜基地在內的一些軍事設施。隨著中國海軍實力的增加，特別是中國宣布有意建造航母，美國《防務週刊》猜測，中國加強海軍建設，計劃建造航母，意在突破「第一、第二島鏈」。但不管美國怎麼猜疑，中國有權利發展自己的海軍力量。正如美國第七艦隊在宣傳手冊上提出的「美國為何需要全球軍事存在？因為我們的商業利益遍及世界」。那麼，美國有沒有想過，中國遍及全球的商業利益，中國自己不保護，美國能保護我們嗎？中國 50%以上的原油進口依賴，海上航運安全對中國經濟是性命攸關的大事。

進入新世紀，有關國家圍繞海洋權益爭端不斷加劇，海洋安全問題日益突出。各國圍繞海洋劃界、島礁歸屬、海洋資源開發、海洋戰略通道控制等四個方面展開爭鬥。二〇一〇年，阿根廷與英國圍繞馬爾維納斯群島石油開發爭得不可開交，拉美國家支持阿根廷把爭端交由聯合國解決。在中國大陸與臺灣形勢緩和的背景下，東海、南海面臨的形勢更加凸顯。中國與八個海上鄰國都有不同程度的領海權益爭端。近年來，釣魚島問題、東海油

氣開發和南海問題尤為突出，這裡面存在一定的關聯性，背後都隱藏著巨大的經濟利益、戰略考慮。南海問題是中國面臨的重大安全威脅之一，與西方支持「臺獨」「藏獨」、「疆獨」三股緩力相比，南海問題更複雜，事實上已經國際化了。在南海，中國面對多個國家，以及這些國家背後的東盟組織，還有美日等國的干預。冷戰結束後，美國重新調整對南海政策，在南海問題的採取「介入不陷入」的政策。南海問題解決起來難度比較大，將是一個長期困擾中國發展、制約中國走向海洋的重大安全問題。

現階段，中國政府在南海問題的處於兩難境地。一方面，南海周邊小國利用中國出於穩定周邊、維護與東南亞國家的友好關係的考慮，搶奪中島嶼，開發油氣資源。同時，試圖將南海問題國際化。另一方面，美國加強與這些國家的經濟、軍事聯繫，慫恿與中國爭奪南海權益，達到圍堵、遏制中國的目的。對此，中國政府必須拿出應對措施。維護和平是中國的良好願望，是前提，但絕不可以拿主權作交易。提倡共同開發，不等於拱手出讓領海。解決南海問題光靠共同開發解決不了，必須運用外交、軍事、經濟、民間等綜合手段，多管齊下。既要防止美國利用南海問題遏制中國，又要加強與東南亞國家的關係，反制美國，以解除對中國的安全威脅。

▶ 美國「重返東南亞」
——中國面臨的安全環境威脅之三

美國欲收復「亞洲失地」

「重返」東南亞標誌著美國新一屆政府調整對亞洲的政策，彌補布希前政府的外交失誤。布希政府目空一切的單邊主義以及高於一切的全球反恐，執政八年之後，美國在世界勢力範圍和影響力受到了嚴重的削弱。歐巴馬新一屆政府採取了截然不同的外交姿態，以全球和解的低姿態，與伊斯蘭世界、拉美、非洲，甚至俄羅斯開展對話。這是一種以退為進的策略，也是迫不得已的步驟。因為前一屆政府留下的爛攤子，需要收拾。

美國需要與伊斯蘭世界和解，需要從伊拉克和阿富汗脫身。但長期對阿拉伯世界採取的敵視政策，一味支持以色列所引發的民族、文化、宗教的對立，已使美國成為驚弓之鳥。按常理，一個世界實力最強的國家應該是最安全的國度。可今天，美國成為一個心理最脆弱的國家，經不起風吹草動。恐怖襲擊的陰影籠罩在美利堅的上空，拉登一出聲，中情局就暈頭轉向，甚至把西班牙現任議員的頭像都當作整容後的拉登。

歐巴馬政府的和解與脫身戰略，並不意味著全面收縮。二○○九年，美國對東南亞地區所進行的一系列重大政策調整，通過增加在該地域的經濟和軍事投入，擴大美國存在感，平衡中國該地區日益增長的影響力。經過小布希執政的八年，美國人突然發現，其在亞洲的地位正在被邊緣化。中、日、韓甚至印度在東南亞地區的影響力正蠶食戰後以來美國的地位。

美國急欲重返東南亞，極力拉攏亞洲另一新興大國印度，其目標所指就是中國。美國政府在坐視新世紀頭十年中國不斷擴大亞洲的政治影響力、經濟影響力之後，痛感其在亞洲的傳統地位和影響力遭到嚴重削弱。這種局面被認為是對美國的利益構成威脅。於是，通過重塑美國形象，加大對東南亞和印度的經濟、軍事投入，重新構築以美國為主導的亞洲的經政體系，成為新一屆政府的急迫任務。

　　但事實上，這種目標實現起來並不容易。原因是中國的發展勢不可擋。亞洲各國對中國的向心力和對美國的離心力正在加速。這裡最根本的有兩條。首先，中國經濟實力的快速增強，不僅成為亞洲經濟的引擎，而且世界經濟的增長也需要中國的拉動。二〇〇八至二〇〇九年，戰後世界經濟的歷史已被中國改寫。中國替代美國成為全球經濟增長的最大貢獻者。二〇〇八年，中國對全球經濟貢獻率已超過 20%，二〇〇九年這一數字達到 50%。在這一數字的背後，隱藏著中美兩大國實力對比升降的變化。

　　進入新世紀，中國埋頭於經濟發展，按中國官方說法，是一心一意搞建設，聚精會神謀發展。在經濟實力先後超越義大利、英國、法國、德國等國之後，二〇〇七年中國成為世界第三大經濟體。二〇〇九年，中國 GDP 增長 8.7%，約 4.9 萬億美元。而日本處於零增長的邊緣，第二經濟大國日本的地位岌岌可危。

　　全球金融危機後，亞洲經濟的復甦基本依賴於中國的拉動。日本、韓國和東南亞各國的官方都認可這一事實。過去，日本的發展依賴美國的「朝戰特需」、「越戰特需」，現如今只能依靠

「中國特需」了。中國經濟對亞洲的拉動力，與中國對各國的吸引力基本成正比。中國已經替代美國成為日本、韓國和東南亞各國的第一大貿易夥伴。其次，中國政府採取的和平崛起的發展道路，深受各國的歡迎。當然，對於中國的崛起，西方世界有強烈的擔憂。

自一八四〇年以來的一個世紀，西方對中國的侵略、掠奪、殖民，給中國人民留下的一些難以忘懷的記憶。在西方驚呼世界權力中心正從西方轉向東方之際，中國政府提出和諧世界的理念，在各種重大國際問題上體現出的負責任大國的形象，廣受世界特別是亞洲各國的歡迎。中國國家主席胡錦濤就當今時代的變化提出「五論」，即「深刻變革論」（當今世界正於在大發展、大變革、大調整時期）、「和諧世界論」（求和平、促發展、謀合作是不可阻擋的歷史潮流，國際社會要努力建一個持久和平、共同繁榮的和諧世界）「共同發展論」（國與國之間利益交融、休戚與共，必須樹立促進各國共同發展的時代思維）、「共擔責任論」（攜手應對全球性重大挑戰和威脅）、「積極參與論」，闡明了中國政府對國際局勢的判斷和應對的原則立場。一個和平大國的形象展現在世界面前。與美國高高在上，自以為掌握真理與標準的姿態完全不一樣。中國政府謙虛的姿態，比美國受歡迎。

美國擔心被邊緣化

亞洲內部一體化的加速及美國逐漸被邊緣化是導致美國政府急於重返東南亞的最大原因。美國在戰後的幾十年一度成為亞洲的主宰，擁有絕對的影響力。戰後，美國通過扶持日本的發展，

進而由日本拉動亞洲「四小龍」，在東亞形成經濟發展的「雁型模式」。美國向日本和「四小龍」提供市場和技術，為東亞的增長創造了條件。但時過境遷，美國在「朝戰」和「越戰」的失敗，一定程度削弱了美國在亞洲的影響。

二十世紀八〇年代以後，隨著中國政策取得成功，亞洲內部一個巨大市場的形成，大大減輕了對美國市場的依賴。先是日本，現在是中國，成為亞洲經濟的引擎和最重要的出口市場。在和平年代，經濟的因素顯得比意識形態（政治因素）和軍事因素更具影響力。而後東盟為軸心的亞洲合作，提速內部一體化的進程。東盟 10＋1、東盟 10＋3、東亞峰會等，各種合作機制加速了亞洲的融合進程。

東盟分別與日本、韓國自貿區的談判進展順利。東盟與中、日、韓、印度均簽署了自由貿易協定或經濟合作協定，這些國家二〇〇八年的名義 GDP 占世界總額的 23%，總人口 32.4 億，占全球人口的一半。

從二〇一〇年一月一日起，中國和東盟六個老成員即汶萊、菲律賓、印尼、馬來西亞、泰國和新加坡之間，有超過 90%的產品實行零關稅，中國對東盟平均關稅從 9.8%降到 0.1%；東盟六個老成員對中國的平均關稅從 12.8%降低到 0.6%。東盟四個新成員，即越南、寮國、柬埔寨、緬甸和中國將在二〇一五年實現 90%零關稅的目標。

對於中國──東盟自由區的建成，西方顯示出種種憂慮。法國《費加羅報》的評論帶有一定的代表性。二〇〇九年十二月三十一日，《費加羅報》指出：「該自由貿易協議體現中國欲成為

地區領導者的意願。對北京來說，這是向亞洲領導地位又邁出一步。這不僅是一種貿易推進，而且更是北京方面發出的一種強烈政治信號。」

更讓美國難以釋懷的是，在亞洲合作的過程中，美國的作用已明顯大不如前，且處於被遺忘的尷尬地位。儘管中日圍繞東亞峰會的成員構成有爭議，中國力主東盟＋中日韓，而日本為了遏止中國在東亞峰會中的影響，提議讓印度和澳大利亞、紐西蘭也參與，峰會變成「10＋6」。美國對東亞會等從開始的反對到後來的旁觀，主要原因是，由於澳紐的加入，美國的聲音就可以傳遞過來。

對於東亞會等的召開，《紐約時報》認為是「亞洲人重新發現亞洲」的時代開始了。「中國和印度的迅速崛起，整個亞洲的崛起，俄羅斯的相對沒落，美國影響力在這個地區所面臨的挑戰……這些都反映出冷戰結束以來全球最重要的變化。」東亞會等的初衷是為了推動本地區的經濟合作，東亞共同體則是最高的目標。東盟 10＋3（中日韓）從地理意義來講，是理所當然的成員，但本地區複雜的歷史原因以及意識形態的因素，把印度和澳紐拉進來，從開放的心態來講也並非壞事。人口更多，市場容量更大，意味著合作的機會就更豐富。

對於美國的加入，其實各方尤其是中國和日本、東盟都抱有複雜的心理。一方面，戰後美國在政治、軍事、經濟、安全保障等方面對東亞產生過並將在今後一段時期內繼續發揮不可忽視的作用。沒有美國或者排斥美國對東亞共同體的形成並不利。而且，東亞合作的實質進展沒有美國的支持恐怕難以實現。但另一

方面，東盟不想放棄東亞合作的主導權，東盟是既希望得到美國的支持，又想避免美國的過度介入。

中國並不希望美國過多介入東亞合作進程。中國的經濟實力的快速增長已使中國主導本地區的合作成為可能。對於日本來講，戰後長期執政的自民黨把日美同盟作為日本外交的核心，對美馬首是瞻。但新近上臺的民主黨政權出現對日美關係的微調動向。日美在普天間軍事基地的搬遷問題已陷入僵局。兩國的外交關係和政治關係，因日本新政權堅持從印度洋撤回供油軍艦而進一步冷化。

鳩山由紀夫首相認為「日本一直以來對美國有點兒過於依存。日本在重視日美同盟的基礎上，作為亞洲的一員，應該制定更多重視亞洲的政策」。事實上，日本新政權正採取對美、對亞洲外交的平衡政策，糾正過去過於向美傾斜的政策。

鳩山上任初就急匆匆地提出「東亞共同體」的設想。二〇〇九年九月二十一日，在紐約與中國國家主席胡錦濤會晤以後，日本政府就加大向中方和東亞其他國家宣傳這一設想的力度。

菅直人於二〇一〇年六月四日成功當選了日本民主黨代表，並順利接任日本第九十四任首相，成為日本歷史上第六十一位首相。菅直人當選日本首相後表示，日本民主黨的基本政策不會發生改變，他將把鳩山由紀夫提出的東亞共同體構想具體化。並表示，希望加強日本與中、韓兩國的關係。

亞共同體體的設想早在二十世紀九〇年代已經提出，但由於東亞各國複雜的歷史、文化、宗教等因素、經濟發展水平的差距以及美國的反對，推進的速度很慢。一九九〇年，當時的馬來西

共總理馬哈蒂爾出出「亞共同體體」的建議。但該建議由於沒有包括美國，而遭到後者的強烈反對。一九九七年亞洲金融危機的爆發，實現經濟共同體的緊迫性被重新認識。一九九七年之後本地區的實質性合作快速推進。以東盟為核心的各種合作機制逐步建立。10＋3、10＋1 及 10＋6 使得這一設想接近現實。一九九九年《東亞合作聲明》宣布，將從東亞自貿區向東亞共同體過度，提出二○二○年建立。亞共同體的的目標。

鳩山內閣急迫地提出「東亞共同體」的設想主要出於三個方面的考慮。首先是掌握東亞合作的主導權。戰後以來，依靠美國的軍事保護，日本埋頭於經濟建設，在本地區的經濟發展合作過程中一直發揮著引領者的角色。日本極力維持其經濟上的領導角色。與此相關聯的是，日本經濟對亞洲的依賴度已超過對美國的依賴度。從歷史上看，大和民族特別識時務，過去亞洲沒落時，通過明治維新，實施「脫亞入歐」，實現向資本主義轉型，日本由一個閉關鎖國的封建農業社會迅速完成了社會轉型，並成為亞洲唯一的工業化國家。如今，隨著中國經濟實力快速提高，中日的經濟地位開始發生逆轉，在經濟停滯了二十多年後，日本急於尋找出路。美國不死不活，歐洲也指望不上，日本只有重新調整船頭，由「脫亞入歐」轉向「重回亞洲」。

中國不僅成為亞洲經濟的火車頭，更成了世界經濟增長的主動力。日本尚處於領先的技術和發展模式，仍能從東亞經濟一體化中謀取巨大的經濟利益。這應該是第二個重要的考慮因素。

第三，新執政的民主黨政權要體現與自民黨不同的外交政策。儘管大的框架，大的格局變不了，但減輕對美國的依賴，增

強地區內部的合作，實現地區和解，成為鳩山內閣對外政策的新鮮內容。日本想在對美對亞洲的外交政策中取得平衡。就東亞峰會、「東亞共同體」而言，到目前為止，各方都沒有明言排斥美國的參與。但也沒有直接邀請美國的加入。各方都明白不能開罪美國，如美不阻撓，東亞共同體的進展必將受到影響。對於是否把美不排斥在共同體之外，鳩山表達出耐人尋味的意思。他強調「東亞共同體」「無意把美不排除在外。我不認為沒有了美不就什麼事情都能做成。」「東亞共同體」相關方除三心二意的日本外，中國和東盟從經濟角度看，應該不會排斥與美不的合作，但從政治角度分析，並不希望美不的過度參與。美不急於「重返東南亞」，是因為發現其在該地區的影響力的減弱，不甘於在東亞事務中主導權遭削弱。美不極力避免因被排斥於東亞地區的經停合作之外而遭受政治和經停的雙重損失。遏制中不快速提升的地區影響力和領導地位是美不高調「重返」的關鍵因素。

美國提速重返步伐

中國東盟自貿區正式運作，加速了中國與東盟的經濟融合。美國看在眼裡，急在心裡，已經按捺不住內心的焦慮。二〇〇九年以來，美國採取一系列的行動，意在重新確立其在亞洲的主導地位。輕舟已過萬重山，中國在本地區確立的地位，美國想找回過去的影響力，幾乎不可能。日本民主黨新政權上臺後，日美關係的摩擦趨於冷淡，中日韓接近，加速了美國重返亞洲的步伐。

歐巴馬政府一改前政府專注於反恐、能源及伊拉克、阿富汗兩場戰爭，而忽略東南亞的外交姿態，調整對該地區的策略，增

加經濟和軍事投入，平衡中國日益增長的影響力，並順帶對日本新政權施加壓力。二〇〇九年二月，國務卿希拉蕊訪問位於雅加達的東盟秘書處。這是歷史上美國國務卿首次訪問這一機構，顯示美國對於東盟的高度重視。同年七月，希拉蕊再次訪問東南亞，參加第十六屆東盟地區論壇，並簽署美國加入《東南亞友好合作條約》。

希拉蕊抵達泰國首都曼谷就高調宣布：「我想發出一個非常明確的信息，美國正在重返東南亞，我們正完全致力於東南亞的夥伴關係。」當天她還宣布，美國政府將向東盟秘書處派駐常設外交機構。

《東南亞友好合作條約》誕生於一九七六年首次東盟首腦會議，是東盟基礎性的文件之一。除東盟十國外，已有中國、俄羅斯、印度、日本、韓國等十五個國家加入這一條約。美國多年來一直不願加入這個帶有互不侵犯的約束性條約，擔心失去對這個擁有近六億人口的地區施加影響力的手段。中國於二〇〇三年簽署該條約。這次美國轉化過去的立場，被認為是歐巴馬政府對東南亞外交政策的重大調整，接近東盟，重返東南亞，以抗衡中國不斷擴大影響力。

二〇〇九年，希拉蕊第二訪問東南亞另一個引人關注的動作是同湄公河流域柬埔寨、泰國、老撾、越南等四國外長進行會談，商討加強環境、衛生、教育等領域的合作，並就流域的生態系統、水資源調配等問題進行會談。美國此舉有點反客為主的味道。把同一流域的中國和緬甸排除在外。

瀾滄江——湄公河流域國家一九九二年在亞洲開發銀行的倡

議下創立了大湄公河次區域經濟合作機制。非本地區的美國插手此區域事務，醉翁之意不在酒。迄今，中國與日本都有與該地區合作的計劃。日本在二〇〇八年與湄公河流域五國外長舉行會談，計劃建立橫貫緬甸、泰國、越南的「東西經濟走廊」。美國一系列對東盟的外交行動被認為是一石多鳥。中國、日本、朝鮮、緬甸成為美國對東南亞外交的焦點，而在東亞一體化中從旁觀者轉向參與者，進而成為主導者也是美國重返「東南亞」的重要考慮。

▶ 美印接近──中國面臨的安全環境威脅之四

美拉印制華

美國拉攏印度，目的在於利用印中之間的矛盾，制約中國的崛起。中印兩國的迅速崛起成為新世紀全球政治中的一個熱門話題。作為同為「金磚四國」的成員，兩個國家在歷史上也有過相同的命運，曾經成為帝國主義的殖民地，儘管社會體制不同，印度是世界上號稱人口最多的民主國家，而中國則是最大的社會主義國家。作為後發國家，實現經濟快速增長和提高國際地位，成為中印的共同目標。

中國自改革開放以來經濟在過去三十年間保持了年均 9%以上的高速增長。實力提升令世界驚訝，中國對全球經濟的影響力已經讓美國感到擔心。冷戰結束後，國際格局發生重大變化。蘇聯的解體，俄羅斯的衰敗，中國的快速崛起，正在改變現行的國

際秩序。由於恐怖威脅的日趨嚴重，美國把主要精力轉向與恐怖主義的鬥爭，深陷伊拉克、阿富汗兩場「反恐戰爭」，但美國同時也不忘盡力遏制中國的崛起步伐。

美國拉攏印度制衡中國的意圖十分明確。以中印為代表的「金磚四國」新興經濟體的崛起並在國際舞臺上展現實力，在應對氣候變化，改革現行國際政治、經濟體制等方面發揮越來越重要的影響。在重大國際問題上中印等新興大國相互協調、共同應對，成為國際上一支不可忽視的力量。這種集體力量正削弱美國超級大國的傳統地位。與印度相比，無論是社會體制、經濟實力、文化傳統差異，及對美國潛在長遠的利益威脅，中國無疑成為美國關注的焦點。

印度正在崛起成為新世紀另一世界大國。美國小布希政府和歐巴馬政府不遺餘力拉近與印度的關係，中國因素是其考慮的一個方面。印度未來在國際體系中越來越重要的地位或將為美國維持其主導的世界秩序做出貢獻。美國從深陷泥潭的阿富汗、伊拉克以及與巴基斯坦相關聯的反恐戰爭中脫身，也許需要印度通過伊朗幫其解套。美國為了拉攏印度，送給印度「核大國」的大禮，不僅讓美國處於核「雙重標準」的尷尬處境，又把巴基斯坦給得罪了。

美國能承認印度為核大國，那麼，伊朗、朝鮮、巴基斯坦又如何？印巴是一對多年冤家，而巴基斯坦又是美國反恐前線的主力軍。印巴兩國於一九九八年試驗了核武器，美國厚此薄彼，付出高昂代價，目的是強化與新德里的關系。美國想把印度變成像日本一樣的盟友，必要時用印度來制約中國。印度的態度是，美

國人送禮物接受，但不願意充當對付中國的角色。

二〇〇七年，布希政府提議與印度談判締結核協定，承認印度核地位的合法性，等於破壞《不擴散核武器條約》。該條約規定，一九六八年之前擁有核武器的國家是合法的核大國，而之後任何國家擁有核武器都是非法的。一九七四年印度首次核試，印度極想成為合法的核國家。那樣意味著印度將與美、英、法、俄、中核俱樂部成員平等的地位，改變二流國家的形象。

美國政府曾經試圖阻止印度的核計劃。如同現在阻止伊朗、朝鮮擁有核武器所做的一樣。二〇〇八年，美印簽署核協議一方面破壞了《不擴散核武器條約》，同時，使得美國說服伊朗、朝鮮棄核，變得蒼白無力。美國在任何問題上都可以採取雙重標準，無論是人權、貿易、知識產權、法律，前提是只要符合美國的國家利益。美國付出如此高昂的代價，必然要索回更高的回報。

中印有合作有矛盾

中國正在恢復其歷史鼎盛時的世界地位，在全球和地區的發言權和影響力日益提高。中印作為新興大國對在改變現存由西方主導的國際秩序規則有著相同的目標，在涉及當今世界重大問題如改變 IMF 體制，全球氣候變暖，發達國家與發展中國家責任分擔等問題上，兩國持一致或接近的立場。因此，在國際問題上，合作多於競爭，但並不意味著中印兩國就沒有矛盾和競爭的領域。中印政府不同的決策效率及國民素質，使得中國的發展速度遠遠高於印度，中國已經是重要的經濟大國，已經脫離了窮國

的行列，而印度依然處於後進隊伍。看著中國的快速增長，印度國內很著急，政界、媒體、學界一個勁兒地與中國較勁，喜歡把印度和中國放在一起討論。說好聽的是把中國當作印度的追趕目標。

二〇一〇年元旦，《印度時報》對「印度世紀」進行預測。把二〇二〇年作為印度經濟增速超過中國的年分。屆時，印度將成為世界上經濟發展最快國家。但按目前的發展趨勢，印度追趕上現在中國的經濟規模大約需要十五年的時間。到了二〇二〇年中國經濟增速也許會慢下來，但經濟總量又將翻番。國際上對一些頂尖的投行和研究機構在全球金融危機之後，把中國成為全球頭號經濟強國的時間又提前了十至二十年。當然，這些都是預測，有些不排除別有用心。中國超越日本成為世界第二經濟大國只是時間問題，但印度的經濟大國夢仍停留於紙面上。

二〇〇九年，印度媒體大肆炒作中印領土爭議，印度個別政界人士宣稱中國「威脅」印度。印度領導人到中印邊界東段爭議地區活動，宣示印度的所謂「主權」、允許達賴到中印邊界東段爭議地區活動、指責中國企業特別是中國電信企業威脅到印度「國家安全」、收緊中國工人赴印簽證，對中國產品實現反傾銷調查等，反映出印度國內對中國在國際和地區事務影響力的擴大，以及中印實力對比拉大後的一種焦慮和防範心態。

中印有合作的一面，這不僅體現在一些重大國際問題上的相互協作與配合，在雙邊經濟關係上，也有著共同的需求。

二〇〇八、二〇〇九年，中印雙邊貿易額翻了一番，年貿易額突破五百億美元。中國成為印度第二大貿易夥伴。雙向投資增

長十倍，中國企業在印度建成基礎設施項目超過一百億美元。中國政府表示「不應該單純從競爭角度看待中印發展，中印兩國是夥伴而不是對手，更不是敵手」。這話既對也有毛病。目前階段，不是敵手是對的，但不是對手，中國這麼認為，可印度方面卻不這麼想。現實的對比，印度把中國當作追趕的目標，目標就是對手，印度不會把美國當對手，因為，美國太強大，不在同一起跑線上。中國與印度作為同處一洲的大國，你強我就弱。而中印兩國間存在的領土糾紛，在中印邊界東、中、西三段爭議領土面積達 12.5 萬平方公里。一九六二年解放軍的自衛反擊戰，讓印度難以忘懷。印巴關係對立和中巴傳統的友誼被認為是對印度的制約。印度收留達賴集團所謂的「西藏流亡政府」也成為中印關係的消極因素。儘管中印之間存在種種矛盾和對立，印度的歷史和文化傳統決定了印度出於自身的戰略需要會美國合作，但不會把中國樹為公開的敵人。

面對中國在東南亞、南亞影響力的擴大，印度感到擔心。中國為確保非洲、中東至大陸的海上運輸線的安全，必須在沿線興建補給基地。對於中國海軍在索馬里海域的護航行動，印度擔心中國海軍控制印度洋和阿拉伯海的航道。我們注意到二〇〇九年印度軍方一系列的宣示活動包括一艘國產的航母即將下水服役、二〇一〇年初，在安達曼群島舉行十二海軍的演習、試射射程超三千公里的「烈火-3」長程導彈等，但這並不意味著中印的軍事衝突就會發生。一些媒體為了吸引眼球，斷章取義地炒作敏感話題。但實際上，中印軍方在二〇〇九年至少舉行了三次重要的交流活動。

不過，印度近幾年擴充軍備的步伐明顯加快。二〇〇九年，在亞洲三大國中、日、印的軍費增長中，印度增幅最大，達到24%。這是自印度一九四七年獨立以來增幅最大的一次。印度國防預算大約 290 億美元，日本 538 億美元、中國 700 億美元左右，總額少於中日，但中國的增幅約 15%。據美國國會研究局的報告顯示，二〇〇一至二〇〇八年，印度對外軍購金額超過300 億美元。同期，中國為 129 億美元，巴基斯坦 118 億美元。

美俄成為印度軍事裝備的主要提供國。二〇〇九年，美國務卿希拉蕊和國防部長蓋茨訪印，放寬對印度技術出口限制政策，承諾向印度提供先進武器。二〇〇九年底，印度總理辛格訪美時，兩國又簽署了一攬子軍事技術合作協定。而此前，歐巴馬政府已批准一項總額為 21 億美元的售印軍武方案。包括波音公司的八架 P-81 海上巡邏機。二〇〇九年，印度向俄羅斯採購五十架蘇-30MK1 戰鬥機，一架 A-50shmel 預警飛機，雙方達成俄向印轉讓「戈爾什科夫」航母的協議。印度借美俄的力量，快速提高其軍事能力。

外界認為，印度政府軍事現代化的努力，明顯超出其正常國防的需要。新德里藉助經濟的增長，實現其全球性大國角色的野心變得日益迫切。印度國內媒體炒作「中國威脅」成為新德里擴軍備戰的最好藉口。美俄從各自的戰略利益出發，竭力拉攏印度，而後者一方面利用美俄快速提高軍事實力、提升國際地位；同時，又左右逢源，在諸大國間保持平衡，謀取利益。印度內閣部長卡邁勒‧納特說「不能是印度與中國對決，只能是印度與中國共生」。印中兩國遵循兩種不同模式，但未必要在謀求增長和

影響力的過程中相互對抗。

二○一○年年初，印度商工部部長夏爾瑪訪華時表示，不應該單純從競爭的角與看待中印發展，中印兩國是夥伴而不是對手，更不是敵手。印度擺脫英國獨立後，對印度發展路線產生重大影響的首任總理尼赫魯主張實行不結盟政策，由此，印度成為不結盟運動的倡導者的角色。美國人法里德·扎卡利亞在《後美國世界》一書中指出：「印度人不太可能把外交政策當作一場十字軍戰爭，也不會把促進其他國家的民主轉型奉為至高無上的國家理想。印度教的人生信條是自己活也讓別人活。因此，印度人不願為國家的基本戰略而承擔公開和有約束力的義務；印度也不會甘願充當美國在亞洲的『主要盟友』，也不願與美國建立什麼新型『特殊關係』。印度人不願公然而明確地界定敵友。這種情感具有明顯的亞洲屬性。……但在亞洲，大多數國家都會抵制這種公然的機制。他們也許都是在遏制中國，但永遠不會有哪個國家承認這次點。」

儘管印度在尼赫魯之後，對不結盟政策也作了微調，在冷戰時期，與前蘇聯保持了鬆散的盟友關係。這可能更多地出於應對與中國、巴基斯坦等鄰國緊張關係的需要。

印度利用美國壓制中國

印度與日本不同，傳統上的不結盟以及追求政治上的獨立，使得美國的如意算盤未必能實現。印度不像日本一樣需要美國的軍事保護，且印度也不願意讓美國過多地介入南亞事務。在一些重大國際問題上，印度更傾向於與同屬新興國家的中國合作，而

非美國。因為新興大國的利益取向趨同。在最近哥本哈根氣候大會上中印等新興經濟體的合作，就是具體表現之一。

很顯然，印度不會也不願意把國家的命運繫在美國這條大船上。但藉助美國的力量，謀求提高自身的地位，印度也不會推辭。前面提到的印美核合作協議，對提高印度的國際地位意義重大。二〇〇九年七月，美新一屆政府國務卿希拉蕊對印度的五天訪問期間，美印簽訂了國防、太空和科技合作三項協議，使印度可以獲得美國國防科技和設備，繼二〇〇八年美印核協議之後，兩國在民用核合作進入實質階段。印度同意美國在本國建立兩個民用核反應堆，美國借此獲得進入印度千億美元的核潛力市場，而印度也由此進入核大國的地位。美印在核領域的合作對全球核不擴散體系來講相當於是一次八級大地震，將對核不擴散造成嚴重後果。二〇一〇年二月十一日伊朗總統內賈德在慶祝伊斯蘭革命三十一週年的大會上對支持者宣布，伊朗已生產出第一批純度為 20% 的濃縮鈾，伊朗已經是「核國家」。在希拉蕊訪印期間，另一項重要的雙邊協議《終端用戶監督協議》，在法律上消除了美國對印度武器出口的一切障礙。

二〇一〇年一月二十日在印度總理辛格訪美前夕，美國防部長蓋茨訪印。蓋茨此次訪問的重點在於擴大。與新德里合作的領域，包括軍事技術和網絡安全。按蓋茨的說法，是讓印度更容易地分享美國的軍事技術。二〇一〇年一月二十二至二十六日，印度總理辛格對美國進行國事訪問。而這次訪問是在上一年十一月歐巴馬總統對亞洲四國（日本、新加坡、中國、韓國）之旅後進行的，被認為是印度向美國討回「公道」的訪問。

歐巴馬在東京發表亞洲政策演講中，隻字沒有提到印度。中美聯合聲明中卻提到南亞事務，希望印度和巴基斯坦改善和發展關係。此舉被印度方面認為是中美兩國合作干預南亞事務。印度認為南亞事務應由新德里主導。歐巴馬訪華時對中國國際地位和作用的評價，也引起印度的不滿。歐巴馬在北京稱：「美中關係從未像現在這樣對我們共同的未來如此重要」，「美國歡迎中國在國際舞臺上發揮更大作用」，「世界上除非中美兩國一致，否則能夠解決的全球挑戰極少」。

　　印度方面認為，美國給予中國的評價，等於貶低了印度的作用。對於中美聯合聲明中涉及南亞事務表達了「強烈不滿」。回顧印度成立後中印關係的發展歷程，中國基本上沒有把印度作為敵手或者對手。雖然一九六二年毛澤東時代對印度的反擊取得全勝，但也僅停留於「教訓」而已，並沒有侵占印度的領土。但印度收留達賴及所謂的「西藏流亡政府」，則觸動了中國的核心利益。

　　在過去幾十年，中國把印度歸為同一陣營的國家。儘管在印巴衝突中，中國的立場始終偏向於傳統的友好盟國巴基斯坦一方。但作為相對弱者的印度非常在意在大國關係中各大國與中國的關係。印度想作為一個世界性大國，但其實力難以擔當。隨著世界各大國與中國改善關係，就會令印度感到緊張。

　　歐巴馬的中國之行，對中美關係的評價以及對中國國際地位和作用的定位，再次刺激了印度。印度政府想在國際上與中國平起平坐。辛格在訪美前夕表示，將和歐巴馬討論一些全球性的議題，包括國際恐怖主義、氣候變化以及阿富汗局勢以及其他區域

問題。辛格強調要解決一些全球性的問題，印度和美國的合作必不可少。可見新德里的政治家可著勁兒地往上攀的心情。儘管中國視印度為合作夥伴而非競爭對手，但辛格訪美期間公開對中國的批評，被認為是異常的舉動。辛格一月二十四日在華盛頓對於中印之間的 GDP 差距時說：「我一直認為，還有比 GDP 更有價值的東西，比如尊重法制、多元化等本上權利。」「不願選擇中國的道路，更願堅守印度的道路。」相反，中國政府從來沒有要求印度選擇中國的道路。中國走的是有自己特色社會主義道路。中國政府也從未對印度的體制指手畫腳。

二○○九年以來印度媒體在邊界問題、貿易糾紛、所謂中國電信企業威脅印度國家安全以及辛格總理在美發表的涉華言論，反映出印度政界和民間的一種心理失衡。出於對中國快速上升的國際地位及不斷增長的經濟實力的一種妒忌。當然，這種心理也為印美接近提供了土壤。

印度對於美國在反恐戰爭中倚重巴基斯坦十分擔心，提出願意協助美國在反恐戰爭中發揮印度的作用。從而削弱巴基斯坦在美國反恐戰爭中的地位，突出印度作為南亞大國的形象和地位。美國從伊拉克和阿富汗的撤退，也希望藉助於印度的協助，不難預料，印美在各有利益所求的情況下，今後會走得更近，應對中國的崛起是印美兩國的共同目標。

第八章 ——

西方陰影下的中國「三獨」勢力

分裂主義勢力抬頭，一些別有用心的國家利用中國國內的問題來破壞、阻礙中國的發展進程，這同恐怖分子用美國的客機撞擊紐約世貿大廈一樣。

在「藏獨」「疆獨」明顯抬頭之前，臺灣問題幾乎占了中國外交的百分之八十的精力，讓別國承認臺灣是中華人民共和國的一部分成了中國領導人外交活動的主要話題。兩岸為此付出巨大的政治和經濟代價。馬英九政府上臺後，兩岸「外交休兵」，還沒來得及喘口氣，「藏獨」和「疆獨」又突然冒頭。

世人都清楚，沒有西方國家的經費支持和反華國家的基地支持，「三獨」都不能成氣候。其實「臺獨」、「藏獨」、「疆獨」的背後都有西方的影子，如美國、日本、德國、法國、澳大利亞甚至印度。

國際反華勢力正利用這種分裂勢力，破壞至少是延遲中國崛起的步伐。溫家寶總理在十一屆全國人大三次會議會見中外記者時說的一番話，點出了「三獨」背後有西方影子的事實。「中美關係是我們最重要的外交關係，它不僅關係兩國和兩國人民的根本利益，在一定意義上也超出兩國的範圍。不畏浮雲遮望眼，自緣身在最高層。歐巴馬總統入主白宮以後，中美關係有個良好的開端。但最近一段時期，美方在達賴喇嘛訪美和對臺軍售等問題上觸犯了中國的主權和領土完整，使中美關係受到嚴重的干擾，這個責任不在中國而在美方。中美三個聯合公報是中美關係的基礎，我們希望美方能夠正視問題，以實際行動回到三個公報的基礎上來，使中美關係得以恢復和改善。」

▶「三獨」背後的西方影子

「疆獨」、「藏獨」、「臺獨」已成為影響中國穩定發展的重大威脅。「三獨」背後都有的西方影子。西方分裂中國的活動，幾百年來從未停止過。從臺灣、西藏到新疆，過去西方列強主要是為了擴大勢力範圍，搶奪實際利益，現在則是為了拖延中國的發展步伐，遏制中國的崛起。

從一九五九年中央政府平定達賴集團叛亂之後，西藏與新疆基本沒有出現過大的動盪。臺灣在國民黨統治時期，也堅持兩岸同屬一個中國的原則。進入新世紀，民進黨八年執政臺灣地區，「臺獨」浪潮在美日的支持下，開始掀起波濤。二〇〇八年國民黨重新上臺之後，「臺獨」暫告一段落，令西方國家大失所望。

於是，「藏獨」和「疆獨」勢力在西方的策劃、支持下，先後於二〇〇八年「3‧14」、二〇〇九年「7‧5」在西藏和新疆上演血腥、暴力的分裂鬧劇。為何在這個時段掀起「藏獨」和「疆獨」的高潮？為什麼在北京奧運會之前，法國、英國、美國、瑞典甚至連自己身分都搞不清楚的捷克、波蘭都跳出來，藉助所謂的民主、人權、價值觀來抵制在北京召開的奧運會？

從「3‧14」和「7‧5」兩個事件，讓中國人看清了西方媒體的「公平性」，完全顛倒黑白，不顧事實。西方的政客和媒體都明白，北京奧運會成功舉辦將大大提高中國在國際上的影響力，讓全世界人們認識到一個真正的蒸蒸日上的中國。他們的目的無非是抹黑中國形象。同時，新中國政府討價還價，撈取實利。從法國總統小丑般地表演就可得出這一結論。這是其一。

其二，中國改革開放三十年，國力迅速提升，西方感到威

脅。特別是進入新世紀以來，美國布希政府在「9·11」之後，藉反恐之名，先後在阿富汗和伊拉克發動兩場戰爭，無暇顧及其他地區。此間，中國政府一心一意搞建設，大力擴展與世界各國的經濟聯繫，在亞洲、非洲甚至美國後院的拉美的影響力日益擴大。美國為首的西方國家感覺不舒服，認為中國威脅到他們的傳統利益。怎麼辦？要在國際上大張旗鼓地遏制中國已不合時宜，中國的國力、政治影響力以及對世界經濟的貢獻率已使西方國家欲遏之而不能。於是，就想到他們慣用的傳統手段，利用內部分裂勢力的「肢解」中國。即使不成，也可藉機拖延中國崛起的步伐。

蘇聯被肢解是美國為首的西方的得意之作。美國不僅消除了傳統的對手蘇聯而且還藉機把勢力範圍伸入到原蘇聯版圖之內，並在中亞成功設立軍事基地。在烏克蘭以及中亞國家搞「橙色革命」，扶持親西方政權。對於分裂中國的勢力，英美日等西方國家多少年來一直精心培育。從「藏獨」、「疆獨」「臺獨」、「民運」、「法輪功」等一系列事例看出，西方國家抓住機會精心培育，大力扶持各種反華勢力。

西方所謂的人權、反恐、普世價值有雙重標準。美國、英國、法國等一方面大喊反恐、人權；但同時又支持恐怖主義和恐怖分子，在他們對手的國家和地區從事恐怖的反政府、反民族、反人類的活動。

環顧全球兩大熱點，一是西方的反恐戰爭主要基地在中東。中東國家大都信奉伊斯蘭教，西方認為與他們的文明、宗教信仰不一樣，需要改造，在阿拉伯世界內要搞一個以色列，製造阿以

衝突。布希提出推動中東民主進程，其真實意圖在於消滅伊斯蘭阿拉伯文明。再一個熱點是中國。

冷戰結束，蘇聯解體，世界上共產黨政權的大國只有中國一家，而中國經濟發展每天都在創造奇蹟，西方看不得文明、人權、信仰、價值觀與其不同的異族的發展，認為是對西方文明的挑戰。於是，想方設法要搞垮中國。所以，反恐也好，分裂中國也好，本質上是文明和文化之爭。

中華民族是個善良的民族，在強大的時候，鄭和七下西洋帶去的是中國產品，弘揚中華文明、文化，而沒有占弱國一寸土地。我們總是對別人寄予良好願望，有時候甚至是天真的幻想，以為只要我們做自己的事，主動搞好與列國的關係，就可保太平。事實給了中國人民極好的教訓，一廂情願地退讓、軟弱，只能遭受別國更加肆無忌憚地欺侮。

二戰結束以來的歷史，也證明這一點。一九四五年日本投降，中國作為戰勝國，但腐敗的國民黨政府卻拒收琉球群島。美國人在二十世紀七〇年代就把管理權給了日本。一九七一年六月十七日，日美兩國簽署《關於琉球諸島及大東諸島的日美協議》，將自古以來屬於中國領土的釣魚島劃入琉球群島管轄區域，交由日本管理，在中日之間埋下爭端，以長期從中作梗謀取利益。

也就在同一時期，美蘇爭霸，美國深陷「越戰泥潭」，急於求助中國，從越南脫身。尼克森總統跨越太平洋而不顧日本小老弟的感受。美國當時戰略處境十分被動，而中國外交沒有很好地利用這個機會，又遺留了臺灣問題。從而，讓美國一直從海峽兩岸兩邊撈取實惠。用臺灣問題拖延中國的發展步伐。此後的海南

島撞機事件和中駐南斯拉夫使館「美軍誤炸事件」的不了了之，使得美國人更加為所欲為。外交上一味地退讓，並不能歸結為「韜光養晦」之過。

在毛澤東時代的中美關係，儘管中國國力處於下風，但我們並沒退讓，也不見得吃虧。中國融入世界，並不等於投入西方的懷抱。奧運會之前，西方國家的醜惡表現，法國、英國、美國甚至澳大利亞等國領導人的醜惡表現以及西方媒體近乎瘋狂的詆毀、造謠，就能讓國人認清文明的對立，西方世界心底的灰暗，以及無奈掙扎。我們並不主張對立，但要面對別人對你的排斥。

對於中國國內分裂勢力，目前的局勢是：「藏獨」由美歐印支持（雖然印同為發展中國家，但為達賴集團提供反華基地）、「疆獨」得到美歐及中亞恐怖勢力的支持、「臺獨」由美日支持。從地圖上我們可以看到，西藏、新疆與臺灣一西一東戰略地位十分重要，控制臺灣著眼於封鎖中國海軍的出海通道。而西藏、新疆則是中國大陸的水源和糧倉。特別是新疆還是中能源基地。西方用心良苦，計謀可謂凶狠。

▶ 「藏獨」——中國分裂勢力之一

西方聯手達賴反華

西藏自古以來屬於中國不可分割的領土組成部分。「藏獨」從何而來？翻開歷史，就清楚地發現是西方殖民主義者的「傑作」。先是英國拓展勢力範圍，後是美國「接力」，培植「藏獨」

勢力，從事分裂中國活動，利用「西藏問題」干擾中國崛起的進程。

西藏問題在二〇〇八年奧運會之前一下子冒了出來，完全是西方利用「藏獨」勢力搞亂北京奧運會的陰謀。讓我們回顧一下事實。二〇〇八年三月十四日，一群不法分子在拉薩市區主要路段實施打砸搶燒，焚燒車輛，追打無辜群眾，衝擊商場、電信營業網點、政府機關，造成重大的生命和財產損失，嚴重破壞正常的社會秩序，十八名無辜群眾被慘無人道的燒死或砍死，造成直接財產損失近 2.5 億元。在隨後的幾天裡，「藏獨」分子衝擊我駐外使領館，並繼續在甘肅等地製造打砸搶燒事端，企圖在世界範圍內製造混亂。隨後幾個月裡，奧運火炬在英國、法國、美國、澳大利亞、日本的傳遞過程中，西方國家政府、媒體與「藏獨」、「疆獨」分子合演一齣又一齣醜劇，讓世界看清了西方反華勢力的面目，也使中國廣大民眾認清一些國家的本質。那些平日衣冠楚楚，講文明，講人權，講普世價值觀的「洋大人」的內心深處究竟是怎麼看中國的，那些從中國經濟發展中撈取實利的西方國家是如何看待一個重新崛起大國的。

「藏獨」與西方在二〇〇八年合謀演出的反華醜劇，各有各的圖謀。首先，達賴集團想利用西方的支持，在北京奧運會之前放手一搏，逼中央政府讓步。達賴一九三八年被原西藏地方政府遴選為第十三世達賴喇嘛的唯一轉世靈童。一九五一年五月二十三日，中央人民政府與西藏地方政府達成《關於和平解放西藏辦法的協議》（後稱「十七條協議」）。一九五七年以後，達賴喇嘛與西藏上層分裂勢力相互呼應，支持武裝叛亂，公開撕毀「十七

條協議」。一九五九年三月十日拉薩發生全面武裝叛亂，達喇喇嘛逃離拉薩，在美國中情局的安排下逃往印度。

二〇〇八年，七十三歲的達喇有點急。他把這一年當作「解決西藏問題的關鍵一年」。同中央政府的談判沒有「實質性」進展，於是與西方聯手放手一搏。

過去幾年，美歐等西方國家領導民高調接見達賴，美國總統布希、國會眾議院議長佩洛西，德國總理，法國總統薩科齊後及歐洲一些小國的領導人等不斷安排與達賴見面，表面上是支持人權，支持西藏，實際用心路人皆知。

歐美各國政府、一些所謂的非政府組織，西方主流媒體口徑一致，步調一致，他們的目的是組成大西洋聯盟，利用中國的分裂勢力，極力阻止中國的崛起。中國的迅速崛起，讓西方感到恐懼，超出了西方國家的心理底線，感覺到西方文明、體制、西方為主導形成的國際秩序遭到中國的威脅。中國國際地位的提高，大大制約了西方國家隨心所欲及教師爺式的地位。不適應不愉快加上恐懼感，導致其不擇手段，利用奧運會火炬傳遞搗亂、利用「藏獨」搞事，企圖抹黑中國形象。

達賴集團一直在國際上以和平形象出現，宣稱「非暴力」，放棄「西藏獨立」的主張，維護「西藏的人權」。「3‧14」暴力事件反映出了「藏獨」勢力走向恐怖主義。一九五九年武裝叛亂後，達賴集團通過「藏青會」等組織，在二十世紀六〇年代，重組叛亂武裝，對西藏邊界進行襲擾。二十世紀八〇年代，策劃拉薩騷亂。在西方反華勢力的支持下，「藏青會」不斷擴大規模，效仿國際恐怖組織，舉辦各種軍事培訓班。所謂「藏青會」是達

賴集團武裝叛亂失敗逃亡後，在印度達蘭薩拉建立「西藏流亡政府」後成立的一個藏獨叛織，全稱為「西藏青年大會」，是「藏獨」中最具影響力的組織，成立於一九七〇年，有成員三萬多人，在全球有近七十個支部。

英美培育的「藏獨」

從歷史上看，「藏獨」是英美等國一手策劃並長期予以支持所造成的。

鴉片戰爭後，中國由一個獨立的主權國家淪為半殖民地國家。西方列強開始陰謀瓜分中國領土。英國為了在西藏建立排他性的影響，於一八八八年和一九〇三至一九〇四年，先後發動兩次侵藏戰爭，欲把西藏從中國分裂出去，變成保護英屬印度北部邊境的一個「緩衝區」。

一九一三年，英國政府提出召開中、英、藏三方參加的「西姆拉」會議。英國提出把中國藏族居住的所有地區分為「內藏」、「外藏」兩個部分。「內藏」區域包括青海、甘肅、雲南等省的藏族居住地區，由中國政府直接管轄；「外藏」由西藏和西康兩地區組成，由西藏自治，讓西藏脫離中國政府管轄。此提案遭到中國政府的拒絕。

但英國政府分裂活動並未就此收手。在英國的支持下，一九四二年，西藏政府宣布成立「外事局」，意在形成事實上的獨立局面。經國民政府警告而收回。一九四七年三月，在印度新德里舉行「泛亞洲會議」。英國讓西藏以一個獨立國家的身分參加，遭到中國代表團抗議發而做改變。

隨著大英帝國日落西山，新興大國美國又接力英國的未竟事業，策劃、支持西藏的獨立圖謀。儘管美國政府打著宗教自由、人權、民主等招牌，但從美國政府介入西藏事務的不同階段看，其實美國真正關心的並不是什麼西藏自由、人權，而是出於其國家的利益和不同階段的對華政策，利用西藏問題，或是撈取實利，或是出於意識形態鬥爭考慮，影響中國發展的進程。

在抗日戰爭時期，中美同處反法西斯同盟，當時美國總統羅斯福視中國為盟友，期望中國能協助美國在戰後維護太平洋和平。「利用中國作為對蘇聯平衡力量。」因此，當時，美國自然重視與中國的同盟關係，把達賴喇嘛當作西藏地區的宗教領袖。

隨著國民黨政府在內戰中失利，據守臺灣，新中國成立，以及東西方兩大陣營對立格局的形成，美國決定採取支持西藏的行動。

朝鮮戰爭爆發，加速了美國的行動。一方面，經印度向西藏獨立勢力運送武器；另一方面，在國際上大造輿論，污衊解放軍進駐西藏的行動是「侵略」，並試圖通過聯合國討論中國「入侵西藏問題」，使西藏問題國際化。後因未獲英國和印度的支持而未果。

「藏獨」勢力看到大勢已去，於是無奈與中央政府就西藏和平解放舉行談判。為了鼓勵西藏抵制中央政府的接管，美國政府承諾准許達賴可以到美國或印度避難。在美英兩國的敦促下，印度政府決定允許達賴喇嘛到印度避難。

一九五九年起，達賴集團在印度建立所謂的「流亡政府」從事分裂國家的活動。在美中情局的支持下，西藏上層分裂勢力在

印度的噶倫堡徵募西藏士兵，並在臺灣、沖繩等地對這些士兵進行祕密訓練工作，作為骨幹抵抗力量遣回西藏。在一九五九年至一九六二年間，有一七○多名康巴人在美國科羅拉多州落基山接受中央情報局的游擊戰訓練。

一九五九年五月，美國決定幫助達賴把西藏問題提交聯合國大會，以通過民族自決的方式，使達賴集團得到國際社會承認。隨後，英國和印度政府承認達賴的「流亡政府」，並接受達賴一行在印度避難。

一九六○年九月，達賴集團印度宣告成立「西藏流亡政府」。此後在美國的鼓勵和操作下，達賴集團分別在聯合國大會上三次通過了西藏問題決議，把西藏列入自決權範圍。

由於中國政府當時尚未恢復在聯合國的席位，因此，對中國來說，這些決議是無效的。儘管如此，還是給今天的西藏問題挖下了重大陷阱。歷史上西方殖民國家為了達到自身不可告人的目的，在國與國之間，在別的國家內部人為地製造各種衝突的種子，為日後的操縱留下餘地。放眼全球，從中東到非洲，從亞洲到南美，到處可西藏方殖民者遺留下的罪惡種子。

西藏從來就未獨立過

七百多年來，中國中央政府一直對西藏行使著主權，西藏從未成為一個獨立國家。一九五四年印度總理尼赫魯在印度人民院的演講中指出「在以往數百年中，我就不知道在任何時候，任何一個外面的國家曾經否認過中國在西藏的主權」。如果沒有英美兩國的刻意製造分裂勢力，根本不會出現西藏問題。

西藏地處中國西南部，藏族的先民早在西元前與中原的漢族就有聯繫。到了唐朝，藏漢雙方通過王室間的聯姻、會盟在政治上形成親誼關係。一二七一年，蒙古汗政權定國號為元，一二七九年統一全中國，西藏成為中國元朝中央政府直接治理下的一個行政區域。一三六八年明朝繼承了元朝治理西藏的權力。一六五三年、一七一三年清朝皇帝先後封五世達賴喇嘛和五世班禪喇嘛，確定了達賴喇嘛和班禪額爾德尼的封號，確立了他們在藏的政治和宗教的地位。一七二七年，清朝設駐藏大臣，代表中央政府監督西藏地方行政。一七九三年，清朝頒布《欽定藏內善後章程》，在西藏建立正規藏軍，從內地調駐西藏各地官兵一四〇〇多名。藏漢軍隊由中央政府派駐的官員管轄。

一九五一年五月二十三日中央人民政府與西藏地方政府簽訂《關於和平解放西藏辦法的協議》，西藏實現和平解放。

一九五九年三月二十八日國務院宣布解散原西藏地方政府，由西藏自治區籌委會行駛西藏地方政府職權。中央人民政府和西藏自治區籌委會領導西藏人民，迅速平息叛亂，並實行民主改革，推翻了政教合一的封建農奴制度，廢除了封建等級制度、人身依附關係和各種野蠻刑罰，百萬農奴和奴隸獲得翻身解放。

一九六一年，西藏各地開始實行西藏歷史上從未有過的普選，翻身農奴和奴隸破天荒第一次獲得了當家作主的民主權利。

一九六五年九月，西藏自治區正式成立。

一九八四年，中國頒布實施了《中華人民共和國民族區域自治法》，將民族區域自治制度確立為國家的一項基本政治制度，為西藏人民充分行駛自治權利提供了有力的法律保障。

回顧歷史，我們就可發現「藏獨」從來未獨立過，過去不可能獨立，今後更不可能，無論英國也好，美國也罷，「藏獨」對於他們的價值在於利用，過去英國侵略西藏目的在於擴大勢力範圍，戰後美國支持西藏獨立勢力其核心在於對付新生社會主義中國。他們需要時支持達賴集團跳出來鬧一鬧，不需要時，就把西藏分裂勢力作為閒子擱在一邊。美國、英國什麼時候真正幫助過西藏，真正為農奴制下的西藏的人民爭取過自由、人權？正如達賴本人承認：「美國在二十世紀五〇年代支持西藏，並不是出於道德和良心，而是因為舉世所知的反共的政策。不是為了恢復西藏的獨立。」

美國成為「藏獨」最大主子

　　達賴從一九五九年武裝叛亂失敗後逃至印度建立所謂的「流亡政府」至今五十多年，一直在國際上從事分裂中國的活動，儘管在西方的壓力下，無奈地選擇「自治」，而不是追求「獨立」，若依靠其自身的實力，或者印度的資助是很難撐到現在的。其背後的支持力量大體可分為三類：第一類是西方國家，以美國、英國、德國、法國為代表，這一類國家打著爭取西藏自由、民主、人權的旗號，操縱達賴集團，從事分裂中國的活動，把「藏獨」活動作為與中國政府討價還價、撈取實利、敲打中國的工具。

　　據德國外交政策網站披露，美國國務院、德國弗里德里希——瑙曼基金會協同「西藏流亡政府」共同制訂了利用西藏問題掀起反華浪潮的「行動計劃」，計劃在奧運火炬傳遞期間進行破壞，並使活動在二〇〇八年八月北京奧運會期間達到高潮。

二○○七年德國、美國、加拿大三國領導人高調會見達賴，表明西方利用北京奧運會對中國政府施壓的姿態。二○○八年三月十四日西藏騷亂事件後，美國會眾議院議長佩洛西訪問印度會見達賴。進入二○○八年，法國總統薩科齊、德國總理默克爾、英國首相布朗等歐洲主要國家領導人公開聲稱不出席北京奧運會開幕式，對中國政府施壓。英國首相布朗表態要接見達賴、美國總統布希也要求中國政府同達賴開展對話。

北京奧運會開幕式，不僅美國總統布希來了，法國總統薩科齊十分尷尬地坐在開幕式的座位上，倒是中國政府大人不計小人過，中國領導人會見了他，顯示了中國政府的大度。西主國家領導人太把自己當回事。奧運會本來就是世界各國運動員的大聚會，各國領導人只是配角，願來就來，不來拉倒。可這批人不大知趣，以為他們不來參加開幕式，北京奧運會就打折扣，事實是，按國際奧委會主席羅格的評價「北京奧運會是一屆無與倫比的奧運會」中國的真正形象廣為世界各國人民所了解。西方媒體再造謠就難了。

再讓我們看看二○○九年達賴出訪過的國家（地區）。達賴本人以七十多歲之高齡，從年初開始訪問義大利、德國、日本、美國、荷蘭、法國、冰島、丹麥、捷克、加拿大、澳大利亞、臺灣等國家和地區。其中，義大利、美國、德國及日本均為兩進兩出。

美國總統歐巴馬頂著國內壓力一直拖著未見達賴，原因很簡單，美國深陷金融危機，其經濟需要藉助中國的幫助，在一些重大全球問題也需要中國的支持。歐巴馬政府不會因為達賴而在此

時得罪中國政府。其實達賴本人也明白西方支持他，並非出於道德和良心，也不是支持西藏獨立，「流亡政府」只是西方與中國討價還價的工具而已。

第二類是專門組織。這類組織以直接支持達賴集團的各種訴求為己任，如「國際西藏運動」、「自由西藏運動」、「西藏委員會」、「西藏之友」、「西藏中心」、「西藏人權」、「援助西藏」、「自由西藏學生組織」、「米拉日巴基金會」、「西藏基金」等。目前，這類組織約三八〇個，集中分布於歐美地區。他們連同西方院校裡支持達賴集團的四五〇多個學生組織，共同構成了一個龐大的達賴集團支持網絡。

第三類是非專門組織。這類組織雖然與支持達賴集團並無直接關聯，但出於對達賴集團及流亡藏人的支持，或出於對中國政府政策的誤解，支持達賴集團的有關主張或訴求，不斷攻擊中國的西藏政策。這類組織中影響較大的有「大赦國際」、「無代表席位國家和民族組織」、「國際法學家委員會」「國際人權聯盟」、「人權律師委員會」、「無疆界記者組織」等。

第四類是西方反華媒體。達賴一直被西方媒體捧為「宗教領袖」或「宗教大師」，加上他本人善於迎合西方「人權、民主、自由」等價值觀進行表演，使得他在西方世界享有較高知名度。近年來，西方反華勢力及反華媒體處心積慮地利用所謂「西藏問題」，使得西方民眾對「西藏問題」的認知存在著許多誤解，不了解事實真相的西方普通民眾對達賴本人及「西藏問題」的關注度較以往有所增強。

另一方面，西方反華勢力和反華媒體特別看重達賴在西方世

界的知名度及「人氣」，並極力利用這一特點加以推波助瀾，以邀請達賴「布道」、「講學」為名為其竄訪大開方便之門，使其能夠以宗教活動的名義進行詆毀中央政府的「藏獨」活動。

值得重視的是，從西藏「3・14事件」規模範圍看，「藏獨」所採取的暴力手段與程度更為激烈凶殘。在拉薩的打砸搶燒到國外衝擊破壞中駐外使領館，達賴集團的活動正向恐怖主義的方向發展，且有與「疆獨」呼應的可能。據二〇〇七年達賴集團聲稱：「自由西藏學生運動」，在北美舉辦第八屆「解放西藏行動營」，已培訓四五〇名恐怖骨幹。一貫主張「和平、非暴力」的達賴可能逐漸在失去對「藏獨」勢力是控制權，藏獨內部是恐怖勢力正在抬頭。

二〇〇九年十月達賴訪美時，因歐巴馬不久即將訪華，為了不破壞其訪華氣氛，上任不足一年的歐巴馬拒絕了達賴見面的要求。在歐巴馬上任之前，美國共和、民主兩黨三任總統會見達賴十一次。歐巴馬不是自一九九一年達賴竄訪華盛頓以來首次拒絕與達賴見面的美國總統。不是歐巴馬頂著國內壓力不見，而是當時美國內外環境不允許歐巴馬冒著得罪中國政府的風險見達賴。

二〇一〇年新年伊始，達賴又給日趨緊張的中美關係增加新的衝突點。二〇〇九年，為共同應對全球金融危機，中美刻意避開一些敏感問題，形成良性互動的局面。二〇一〇年初，白宮提出歐巴馬近期會見達賴，美國在一系列涉及中國核心利益上發出挑戰，令中美關係進入新一輪的緊張博弈期。歐巴馬政府對華關係上的大幅轉向，實質是出於其國內政治是需要以及對中國日益強勢的外交姿態的反應。

美國國內右翼勢力極力遏制中國的崛起，對於中國在一系列重大國際問題的獨立主張深為不滿，哥本哈根氣候大會中國的立場，對伊朗和朝鮮核問題的態度直接刺激美國內的反華勢力的神經。美國即將迎來中期國會選舉，加上先前在參議院議員補選中民主黨的落敗，歐巴馬急於挽回在國內的民意頹勢，迎合美國內的反華勢力，對中國採取強硬的措施。法國巴黎大學中國問題專家皮卡爾認為「歐巴馬接見（達賴）這樣一個政治人物，其意圖無非是為中國發展設置障礙，同時確立美國的霸主地位」。

　　歐巴馬見達賴，也是因為美國內經濟形勢有所好轉，國內選舉迫使其對華採取強硬路線，以及壓制中國全球強勢姿態的需要。白宮聲稱，在歐巴馬訪華期間，已向中方表達了會見達賴的計劃。但美國政府忘了中國政府一貫的立場，堅決反對外國政要以會見達賴的形式干涉中國內政，助長中國的分裂勢力。白宮聲稱，歐巴馬把達賴當作受國際尊重的宗教和文化領袖會見他，並堅持臺灣和西藏都是中國一部分的立場。華盛頓不是不清楚達賴集團一直在國際上從事分裂中國的活動。

　　在二〇〇八年「3．14」西藏地區騷亂之後，中國政府對外國領導人會見流亡分裂主義達賴的反對態度越來越強硬。中共中央統戰部副部長朱維群警告說：「美國領導人如果選擇在這個時候會見達賴，破壞兩國的信任和合作，對美國渡過目前的經濟危機有什麼好處嗎？」對於達賴，中國政府已經採取了柔性的手段，與其代表開展幾輪外話，就達賴個人及其周圍人的前途進行商談。

　　中央政府對於達賴基本有兩條原則，一是主權和領土問題沒

有商談餘地。所謂「大藏區」和「高度自治」，違反中國憲法；二是達賴必須放棄一切分裂主義的言和行。符合上述兩個條件，才能商談達賴的個人前途問題。

二○一○年年初，在中央政府與達賴代表進行對話後不久，白宮宣布歐巴馬將會見達賴的消息，一前一後跟得很緊。表明美國政府一些人積極地配合達賴集團，明裡暗裡地給予支持，用分裂勢力壓制中國，謀求外話討價還價的籌碼。

全球氣候大會中國堅持立場，沒有向西方讓步。中國不支持對伊朗採取更為嚴厲的制裁。隨之出現的美對華採取貿易「雙反」、對臺軍售、會見達賴、「谷歌事件」、指責人民幣匯率等一系列事件，都被認為是對中國強硬外交姿態的反制。但美國可能忘了，中國手裡持有大量的美國國債，持續衰退的帝國看起來還很霸道，但已獨木難支，必須藉助中國等新興力量共同面對全球性問題。

中國在國際舞臺越來越顯示出自信，對於美國涉及中國核心利益的舉動，強烈的反制措施是不難想像的。而且，中國也擁有有利的對美反制手段。且不說應對氣候變化、伊朗、朝鮮核問題，美國需要得到安理會常任理事國成員中國的支持，就是美國走出經濟困境也離不開中國的幫助。

▶ 「臺獨」——中國分裂勢力之二

「臺獨」成為西方對付中國的「一張牌」

「臺獨」是揣在西方特別是美國手裡對付中國的又一張「牌」。本來西方謀劃在二〇〇八年繼續打陳水扁這張爛牌，給北京奧運會添亂。可惜阿扁成為世紀大貪，臺灣大選國民黨重新執掌臺灣。馬英九提出「不獨、不統，維持現狀」以及承認「九二共識」。兩岸「外交休兵」，加強人員交流、加快經濟融合。「臺獨」張爛牌，美國暫時無利用價值。

但是，必須清醒地認識，在兩岸統一過程中，「臺獨」這個毒瘤時不時地會惡化。無論美國還是西方其他反華勢力時時刻刻盯著臺灣時局的變化，極力保護「臺獨」勢力，阻止中華民族統一大業。與「藏獨」、「疆獨」一樣，「臺獨」也是在美國的庇護之下逐漸壯大，並成為影響中國穩定發展的一顆「定時炸彈」。

臺灣問題關乎中國和美國的戰略大局，對於雙方都是一個戰略要點。所以，實現兩岸統一併非簡單取決於大陸和臺灣兩個方面，國際因素的分量也不可輕視。

西方在中國的西部搞「藏獨」、「疆獨」，在東部支持「臺獨」，這是他們遏制中國的長遠戰略，很難指望反華勢力有朝一日主動放棄分裂中國的圖謀。蘇聯分裂成十六個國家，北約東擴在歐洲壓縮俄羅斯的空間，西方對華的目標也一樣。

解決臺灣問題非一朝一夕的易事。在兩岸交流漸進的過程中藉助國際國內的歷史性的契機，才有可能實現兩岸統一。當中美力量對比達到平衡，中國國力超越美國時，要預測這種國際性的

機遇到來的確切時間表很困難，但可以設想上述中美力量對比是一種情形。

另一種情形是當伊斯蘭和基督教兩大文明對立，以美國為首的西方世界對中東伊斯蘭國家的侵略、干涉引發的全球恐怖主義走向極端，給兩岸統一提供機會。

「9·11」後美國在阿富汗、伊拉克發動兩場戰爭，「基地組織」和塔利班把美國拉入一場看不到盡頭的戰爭。美國面臨國債急邊上升、國力快速下降、盟家離心、四面樹敵的局面。許多戰略問題的專家把這兩場戰爭視為兩大文明的對立。

目前的國際格局，客觀上有利於中國的發展和兩岸的融合。樹欲靜而風不止，美國和日本不會坐視兩岸統一。美國表面上強調兩岸必須和平統一，利用「和平」兩字，制約中國政府用武力收回臺灣。也就是說，只要臺灣當局不同意，兩岸就永遠不能實現統一。更何況，美國不會讓兩岸太太平平地融合。

進入二〇一〇年，歐巴馬政府開閘對臺軍售，用這種動作來干擾兩岸近幾年出現的良性互動局面。為什麼在這個時候對臺軍售？那是因為馬英九上臺後兩岸的人員、經濟合作進展加快，美國政府就利用軍售來挑起兩岸的爭鬥。因此，臺灣問題不僅僅是兩岸的事，「臺獨」是美日早就安排好的一枚「毒子」。

「臺獨」產生與發展的原因

「臺獨」的產生與壯大有著複雜的內外因素。假設沒有美國和日本的支持，「臺獨」根本成不了氣候。但如果沒有李登輝作為國民黨主席暗中大力扶持陳水扁的民進黨，「臺獨」也不可能

在臺灣執政。因此,「臺獨」實際上是內外病毒結合而成的一個「毒瘤」。

一八九五年,日本軍國主義利用《馬關條約》侵占了中國疆土臺灣省,實行殖民統治達半個世紀之久。一九四五年,日本宣布投降後,其駐臺灣「總督」安藤得吉策動部分軍國主義分子和收買的臺籍漢奸分子,在臺灣建立起密謀臺灣獨立的地下組織。一九四九年,中華人民共和國宣告成立。美國、日本一方面與敗退臺灣的國民黨政府保持關係;另一方面扶持廖文毅等人搞「臺獨」活動。臺灣光復後,尤其是一九四七年「二二八事件」後,由於國民黨在臺灣實行專制和殘暴統治,使得臺灣同胞普遍對國民黨政權產生反感。在國際反華勢力的鼓動下,一部分人將反對國民黨的情緒逐漸轉移到排斥外省人以至祖國大陸上來,島內開始有了「臺獨」的溫床。

二十世紀五〇年代中期開始,以臺灣赴美留學人員為基礎的美國「臺獨」組織逐漸發展起來。一九五八年,旅美的臺籍人陳以德等在美國正式成立以「臺獨」為宗旨的祕密組織——「臺灣獨立聯盟」。一九六一年,陳以該聯盟主席的身分,選擇「二二八」當天在紐約召開記者會,公開鼓吹「臺獨」。

一九六六年,美國、加拿大的「臺獨」勢力宣布成立「全美臺灣獨立聯盟」。一九七〇年,美、日、加及歐洲等地的「臺獨」團體共同在美國成立所謂的「全球臺灣人爭取獨立聯盟」(簡稱「臺獨聯盟」),幾乎聚集了當時所有的「臺獨」骨幹分子,標誌著美國已取代日本成為「臺獨」活動中心。

此後,曾經擁有十萬餘會員的「世界臺灣人同鄉會」(簡稱

「世臺會」）的領導層也逐漸為「臺獨」分子所把持，實際上淪為「臺獨」的外圍組織，使得「臺獨」思潮通過同鄉會的網絡、以富有欺騙性的「臺灣意識」，在旅外臺胞中得到傳播與擴散。

二十世紀七〇年代起，作為海外「臺獨」勢力的主導力量，「臺獨聯盟」一直主張「暴力路線」，曾在美國、臺灣等地製造了一系列恐怖活動。一九七〇年四月二十四日該聯盟派出的殺手黃文雄、鄭有才，借蔣經國訪美之機行刺蔣，但因過分緊張而未能擊中目標，蔣擁國僥倖逃過一劫。這一事件不僅令一直暗中縱容「臺獨」活動的美國反華勢力非常尷尬，也引發了「臺獨」勢力的內部爭議，導致當時的「臺獨聯盟」主席引咎辭職，部分狂熱分子退出該組織。一九八七年，基本上停止恐怖活動的「臺獨聯盟」重新進行了一次改組，正式定名為「臺灣獨立建國聯盟」並延續至今。

臺灣「黨外反對勢力」的崛起，真正標誌著「臺灣」勢力在島內集結與發展。「黨外」原系對臺灣非國民黨籍人士的泛稱。自二十世紀七〇年起初起隨著非國民黨籍人士在各級選舉中不斷得勢並開始集結，「黨外」一詞被大量使用，逐漸成為無黨籍同士中「政治異議分子」所共同使用的稱號。雖然「黨外反對勢力」的政治態度、統獨觀念不盡相同，但其主流派大多具有濃厚「臺獨」思想。

一九七九年八月，黃信介、施明德、許信良、呂秀蓮等創辦《美麗島》雜誌。雖然這股勢力在年底的「美麗島事件」中遭到重挫，但很快便利用島內外的有利形勢恢復起來，並發展成為民進黨的前身。

一九八六年，「黨外」勢力正式成立「民主進步黨」（簡稱「民進黨」），利用可以進行公開、「合法」活動的有利地位，逐步發展成為島內「臺獨」勢力的主導力量。不過，迫於當時仍處於「戒嚴」下的政治環境，而且主張統一勢力在黨內尚有一定影響，民進黨僅在創黨黨綱中延續「黨外」時期的「住民自決論」，宣稱「臺灣前途，應由臺灣全體住民，以自由、民主、普遍公平而平等的方式共同決定」。

　　在「臺獨」勢力的推動下，民進黨公然鼓吹「臺灣國際主權獨立，不屬於以北京為首都之中華人民共和國」，進而宣稱：「如果國共片面和談，如果國民黨出賣臺灣人民的利益，如果中共統一臺灣，如果國民黨不實施真正的民主憲政，則本黨主張臺灣應該獨立」。

　　此後，在島內外形勢的刺激下，加之海外「臺獨」分子紛紛返臺，民進黨內的「臺獨」氣焰越來越囂張，加快了走向「臺獨」的步伐，將原黨綱中主張「住民自決」的文字刪除，悍然將「基於國民主權原理，建立主權自主的臺灣共和國暨制定新憲法的主張，應交由臺灣全體住民以公民投票方式選擇決定」的文字納入黨綱，明確將「建立臺灣共和國」作為其「奮鬥目標」，表明民進黨已最終蛻變成不折不扣的「臺獨黨」。

　　「臺獨」形成的原因有以下三方面：

　　一是從歷史上看，臺灣曾經被西班牙、荷蘭、日本等國殖民，有少數臺灣人認為自己不是中國人。他們自認為有外國血統，強調臺灣人不同於中國人。特別是日本統治的五十年期間通婚及奴化教育，在血緣上、文化上，強化了日臺關係。日本人有

很多親戚在臺灣，臺灣很多人的親戚在日本，日臺之間形成了一種難以割捨的「親緣」關係。

二是日本對臺灣的支持。「臺獨」的最大靠山就是日本。日本右翼從未放棄「臺灣地位未定論」，把臺灣問題作為牽制中國的手段。一直為臺獨分子提供庇護，廖文毅、施朝暉、辜寬敏等「臺獨」分子在日本成立「臺獨」組織，都得到日本右翼的支持。

日本割據臺灣後，不僅解決了日本的糧食短缺的問題，臺灣一直成為日本的食品、輕工業品的主要供應地以及日本工業品的主要銷售地之一。由此，日本從臺灣獲得巨大的殖民收益，直接推動了日本近代化進程。

日本對臺灣五十年的殖民史，使得日本人對臺灣依依不捨，在日本的政界形成「臺灣幫」。部分政界大佬成為日臺關係的掌門人。在日本國會議員中屬於「臺灣幫」的多達幾百人。在新生代政治家中「親臺」傾向的人不斷增加。日本右翼無論在中日復交前還是在此後，都對臺灣流露出難捨難分的「情結」。

三是美國對「臺獨」的扶植。朝鮮戰爭爆發後，美國第七艦隊侵入臺灣海峽，第十三航空隊進駐臺灣，武力干涉中國內政。二十世紀七〇年代以後，「臺獨」活動重地從日本轉移到美國。一九七九年，美國國會通過「與臺灣關係法」，進一步把臺灣置於美內的保護之下。

「臺獨」成氣候的兩個核心人物

在「臺獨」勢力形成及演變的過程中，兩個人起到關鍵作

用。一個是李登輝。一九八八年一月，蔣經國病逝，李登輝繼位。執政初期，他延續了蔣經國的大陸政策——「只有一個中國而沒有兩個中國的政策」；「我們一貫主張中國應該統一，並堅持『一個中國』的原則」。

　　但是，從二十世紀九〇年代初開始，李登輝逐步背離一個中國原則，相繼鼓吹「兩個政府」、「兩個對等政治實體」、「臺灣已經是個主權獨立的國家」現階段是「中華民國在臺灣」、「中華人民共和國在大陸」。而且自食其言，說他「始終沒有說過一個中國」。李登輝還縱容、扶持主張所謂「臺灣獨立」的分裂勢力及其活動，使「臺獨勢力」迅速發展，「臺獨」蔓延。

　　在李登輝主導下，臺灣當局採取了一系列實際的分裂步驟。在臺灣政權體制方面，力圖通過所謂的「憲政改革」，將臺灣改造成一個「獨立的政治實體」，以適應製造「兩個中國」的需要。在對外關係方面，不遺餘力地進行以製造「兩個中國」為目的的「拓展國際生存空間」活動。

　　一九九三至二〇〇〇年，臺灣當局連續七年推動所謂「參與聯合國」的活動。在軍事方面，大量向外國購買先進武器，謀求加入戰區導彈防禦系統，企圖變相地與美、日建立某種形式的軍事同盟。在思想文化方面，圖謀抹殺臺灣同胞、特別是年輕一代的中國人意識和對祖國的認同，挑起臺灣同胞對祖國的誤解和疏遠感，割斷兩岸同胞的思想和文化紐帶。

　　一九九九年以來，李登輝的分裂活動進一步發展，其撰寫的《臺灣的主張》一書，鼓吹要把中國分成七塊各自享有「充分自主權」的區域。七月九日他公然將兩岸關係歪曲為「國家與國

家，至少是特殊的國與國的關係」，企圖從根本上改變臺灣是中國一部分的事實，破壞兩岸和平統一的基礎。

島內「臺獨」勢力之所以能得到惡性膨脹，李登輝在其中起到了關鍵的作用。李登輝以推行「政黨政治」為藉口，壓制黨內的反「臺獨」力量，甚至公開提出「奶水論」，即要為民進黨成長壯大提供營養。一九九〇年十月，民進黨準備提出「一零零七決議文」，國民黨內及社會上均有應對此「依法處理」的強烈呼聲，民進黨一度陷入被動處境。李登輝為其出謀劃策，讓該黨在「保留原文精神」的前提下，對內容作適當調整，以此壓住臺當局內部的反對聲浪。

一九九一年，民進黨通過「臺獨黨綱」後，引發臺灣社會普遍的「憤慨、不安與焦慮」。在國民黨中常會上有人提出對此案的處理意見，但李登輝不僅以「政黨不是法院」為藉口表示反對，反而誣稱「臺獨是中共逼出來的」，為民進黨搞「臺獨」百般辯解。這使得臺當局內中部主張打擊「臺獨」的力量無法下手。

李登輝還積極落實「臺獨」主張，做了「臺獨」分子無法做到的事，為「臺獨」勢力壯威打氣。民進黨很早就推動「實質制憲」運動，李登輝就從一九九一年起，與民進黨聯手進行了五次「修憲」，對「民意代表」及臺灣當局領導人產生方式進行變更，以「憲政體制改變」為名行改造國民黨「法統」、建立與「中華民國在臺灣」相適應的「憲政架構」之實。民進黨主張為「臺獨」植根，建立「命運共同體」，李登輝就在思想、文化領域推了分裂路線，提出「生命共同體」、「新臺灣人主義」等主張。

一些「臺獨」分子公開表示，李登輝曾多次直接或間接向民進黨領導層傳話，稱他講的兩岸統一都是假話，他「真正的目的與民進黨一樣，只是所使用的方法手段不同」。這自然讓「臺獨」分子更加猖狂、有恃無恐。

推動「臺獨」起核心作用的另一個人是陳水扁，二○○○年三月，一貫主張建立「臺灣共和國」的民進黨在「總統」大選中僥倖獲勝。陳水扁在就職演說中聲稱：「只要中共無意對臺動武，本人保證在任期之內，不會宣布獨立，不會更改國號，不會推動兩國論入憲，不會推動改變現狀的通獨公投，也沒有廢除國統綱領和國統會的問題。」可是，陳水扁言而無信。二○○三年以來，陳水扁在「臺獨」分裂的道路上越走越遠，提出「臺獨」時間表，即二○○四年實施首次公投，二○○六年公投制憲、二○○八年實施新憲法。二○○六年二月二十七日，陳水扁在兩岸同胞的強烈反對和國際社會的一片譴責聲中，強行決定終止「國統會」運作和「國統綱領」適用。陳水扁激進「臺獨」路線，使得臺海局勢日趨嚴峻。

日美支持「臺獨」的現實原因

隨著日本經濟另重新崛起，二十世紀八○年表，日本又燃起大國夢。從中曾根康弘的「戰後政治總決算」到小泉純一郎另「入常夢」，歷屆日本政府孜孜不倦地追求世界大國目標。但遇到了重新崛起的中國的阻擋。而這一次是日本自明治維新以來首次在亞洲遇到的最強大的對手。

在日本右翼看來，遏制中國的最有效的手段是打「臺灣

牌」，維持兩岸的不統、不獨，符合日本最大的利益。如能讓「臺獨」執掌臺灣，就可不斷地干擾中國的發展步伐，分散中國的注意力，延遲中國崛起的時間，並在中日間有爭議的釣魚島、東海大陸的問題上，分化大陸與臺灣的立場。

日本視臺灣為事關日本「生存」和「發展」的戰略要地。臺灣扼日本海上航線之要衝，臺灣海峽是其南下東南亞、伸入波斯灣、再進至歐洲的必經航道。日本每年通過臺灣海峽運輸的貨物多達五億噸，其中包括 100%的核燃料、99.9%的石油、99.4%的鐵礦石、91.3%的煤、90.6%的小麥等等。在日本右翼勢力看來，如果中國兩岸實現了統一，臺灣海峽勢必變成中國的內海，這就等於在日本的脖子上套上了一條可以隨時勒緊的繩索，日本國內將因這條「海上生命線」受控而不攻自亂。

臺灣處於日美兩國為遏制中國而精心編織起來的由太平洋直貫印度洋的「新月形戰略帶」的中間位置上。如果臺灣「獨立」或兩岸長期維持「不獨不統」的分裂狀態，那麼圍堵中國的包圍圈就會十分牢固。反之，如果兩岸走向統一，那麼這個圍堵中國鏈條勢必被攔腰斬斷。一九九四，美國海軍部長詹姆斯・福雷斯特就曾指出：「臺灣是未來太平洋最關鍵之處，誰掌握了臺灣，誰就控制了亞洲大陸整個海岸。」

從中國方面來說，臺灣無論在地緣上、軍事上還是在經濟上，均具有重大戰略價值。臺灣向西隔臺灣海峽與中國大陸距離最近，向東直面廣闊的太平洋，向南與海南島和南沙群島遙相呼應，向北與舟山群島和黃海遙遙相望，且南北連接東南亞和東北亞兩個國際戰略經濟區域。它猶如一艘「永不沉沒的航空母

艦」，雄踞西太平洋上狹長的第一島鏈即中國漫長海疆的正中位置上，在中國整個海防體系中的戰略支撐作用不言而喻。

此外，臺灣海峽不僅是西太平洋地區一條極為重要的國際黃金水道，更是中國的海上交通咽喉。中國四大外貿航線中的三條經過這裡走向世界；中國十六個主要港口中的十個在北方，每年需通過臺灣海峽將北方的煤炭、石油等大宗貨物海運至能源匱乏的南方省區，這是陸上運輸和航空運輸均無法替代的。加之澎湖盆地蘊藏著相當可觀的油氣資源，臺灣省又是工業發達的亞洲「四小龍」之一，其經濟價值尤顯重要。

如果兩岸長期處於分裂狀態或臺灣不幸落入外人之手，那麼臺灣作為捍衛中國漫長海疆「永不沉沒的航空母艦」的戰略防禦作用和戰略進攻作用將全部喪失；臺灣曾將猶如一把大鎖，牢牢地鎖住中國大陸走向海洋的東南門戶，致使中國因海軍力量被封堵於內海而失去制海權，不僅不能真正走向太平洋，真正走向世界，甚至整個東部沿海地區乃至整個中國大陸都將暴露於相關大國的軍事威懾之下，臺灣海峽這條黃金水道也將失去平衡中國國民經濟和開拓海外貿易的重要功能和戰略意義。

美國同樣把臺灣當作「不沉的航空母艦」，並作為遏制中國的一把利器。一九五〇年六月二十七日朝鮮戰爭爆發的第三天，曾經在承認臺灣主權屬於中國的《開羅宣言》和《波茨坦公告》兩分國際協定上簽字的美國總統杜魯門，即發表聲明說「臺灣未來的地位須等到太平洋地區安全恢復及對日和約簽訂後再行決定，或經由聯合國予以考慮」，並藉口阻止中共可能「對臺灣的任何攻擊」，下令美國海軍第七艦隊進駐臺灣海峽。隨後，又恢

復了對國民黨當局的軍事和經濟援助，全面扶植其在臺灣的統治。

美國政府的所作所為，是把臺灣作為它包圍中國大陸的西太平洋島嶼防線中的一環，目的在於實現「分而治之」控制臺灣，最後使臺灣脫離中國。在美國政府的策劃下，美、英等國在舊金山召開所謂「對日講和」會議，簽訂了《舊金山和約》。當時，由於英國、蘇聯等國承認中華人民共和國，而美國則堅持承認所謂「中華民國」，因此，邀請哪一方參與對日和約的簽訂發生了爭執，最後決定兩方面都不邀請。在沒有中國代表參加的情況下，美國要求日本承諾在《舊金山和約》簽訂後，再與國民黨當局訂立和約，為國民黨當局統治臺灣和「代表」中國留了後路，也為「臺獨」活動提供了理論根據。「和約」僅僅規定：「日本業已放棄對臺灣及澎湖列島的一切權利、權利名義與要求」，但對其主權歸屬卻隻字未提。

二十世紀五〇年代，美國又與臺灣當局簽訂所謂《共同防禦條約》直接用武力侵占了臺灣，把它完全置於美國的保護傘下。一九六〇年，肯尼迪當選美國總統之後，企圖盡力使分裂中國國土的陰謀成為既成事實。其「兩個中國」的構想是：⑴承認中華人民共和國，並支持其在聯合國安理會的席位；⑵同時承認臺灣為「獨立共和國」或所謂「中國福爾摩薩國」，並支持其在聯合國的席位。由於帝國主義勢力的插手，使本來純屬於中國內政的臺灣問題摻入複雜的國際因素。

進入二十世紀七〇年代以後，國際形勢發生了重大轉折，隨著中國國際地位日益上升，國際威望不斷提高以及在國際事務中

發揮越來越重要的作用，美國等西方國家也開始調整對華對臺政策。一九七二年二月，美國總統尼克森訪華，中美雙方共同發表的《上海公報》聲明：「美國認識到，在臺灣海峽兩邊的所有中國人都認為只有一個中國，臺灣是中國的一部分。美國政府華這一立場不提出異議。」

一九七八年十二月十六日中美簽署《聯合公報》宣布自一九七九年元旦起兩國正式建立外交關係；同時，美國將與臺灣「斷交」、「廢約」，並從臺灣撤出其軍事人員等等。

但這些變化都沒有使臺灣問題從根本上得到解決。二十多年來，在美國與中國交往的同時，美臺實質關係不僅未受影響，反而大大加深。其中，特別值得注意的是：

第一，美國政府多次作出違背兩國建交原則，傷害中國人感情的事情。如：一九七一年六月，美國中央情報局曾做過一分有關臺灣問題的報告。這分報告所提出逐漸的、循序漸進的臺灣化計劃，通過建立一個「『由臺灣人控制的代議制』政府，而臺灣政權『一旦掌握在臺灣人手裡』，美國就可以運用它『設法就臺灣的最終法律地位問題與中國對話』，『造成一種政治局勢，使中國人同意一個友好的臺灣獨立』。」一九七九年美國以國內立法形式，通過了所謂《與臺灣關係法》，決定在美臺間互設名為民間實為享有各種外交特權和豁免權的半官方機構。決定將繼續向臺灣「提供使其能保持足夠自衛能力所需數量的防禦物資和防禦服務」。

第二，美國一些親臺勢力千方百計介入臺灣的內部事務，力圖左右臺灣局勢的發展。隨著東西方冷戰的結束以及蘇聯、東歐

局勢發生驟變，美國國內普遍認為，美國「聯（中）共制蘇」的目標已經達到，「中國戰略價值已相對下降」，主張要將下一個主要矛頭對準中國。因此，要充分發揮臺灣的作用，即「以臺制（中）共」，促使中國「和平演變」。在這種輿論之下美國的親臺勢力又開始抬頭，煽動「臺獨」也更加起勁。

進入新世紀，隨著中國力量的提升以及美國全球戰略的需要，美國必須藉助中國的幫助；但同時，為維持其單獨的霸權，美國又想方設法地制約中國，美國政府認為是最經濟、最有效的手段就是用臺灣問題對付中國。

「9・11」事件後，美國認識到恐怖主義成為其主要威脅，全球範圍反恐需要得到其他國家、特別是大國的支持。美國與恐怖組織「非對稱」戰鬥，讓美國遲遲無法取勝。美國政府並沒有發覺，這場非對稱的戰爭其實很難取勝。原因是美國採取的單邊主義的政策，不僅招惹了伊斯蘭國家，就連傳統盟國也對美國肆無忌憚行事方式大為不滿。歷史上與美國關係最鐵的英國宣布從伊拉克撤兵。其他一些歐洲國家包括法國、德國、荷蘭也紛紛仿效英國從伊拉克收兵。美國大兵幾乎成了孤家寡人。在阿富汗，美國的處境腹背受敵。

在「非對稱」戰鬥中，另一個最讓美國擔心的是大規模殺傷性武器的擴散。朝核、伊朗核問題使美國焦頭爛額。經過「9・11」之後近十年的反恐，美國政府和國民沒有覺得更安全，相反感覺處於恐慌之中，絲毫沒有安全感。機場安檢設備越來越先進了，幾乎到了「透視乘客」的地步。

對於美國政府的對華政策沒有值得幻想的餘地。儘管中美經

濟合作在加深，儘管美國希望在諸如反恐、防止核擴散、防止地球變暖以及地區安全等問題上借力於中國，要求中國成為「負責任的大國」，在以西方為主導的國際體系中發揮「助手」作用。但從其長遠的全球戰略及國家利益來看，美國不希望看到一個對其構成潛在威脅的國家出現。我們還記得「9‧11」事件之前，布希政府已把中國定位為「戰略」競爭者，表現出全面對付中國的姿態。

二〇〇一年之後，美國認為世界範圍內的伊斯蘭極端主義成為其主要安全威脅，美國才轉而重視大國合作。可是，不要忘記，這是一個現實主義的國家。隨著形勢的變化，隨時會調整其對外政策。拉登、薩達姆也曾經是美國一手扶持起來的。

美國在與中國合作的同時，並沒有放棄對中國的防範和制約。在現存的世界大國中，歐洲與美國在冷戰結束後存在種種不和，但畢竟仍是相同意識形態的兄弟國家。歐盟與美國軍事上相互依存的北約組織在基本利益上是一致的。俄羅斯在蘇聯分裂後成為沒有加盟共和國的光桿司令，經濟實力大幅下降，經濟結構單個，靠石油、天然氣的出口來拉動經濟增長，與美國不在一個檔次上。在亞洲，日美同盟確保日本在美國的控制之下。另一人口大國印度，自稱是世界上最大的民主國家，成為美國拉攏對象。特別是軍事技術和裝備對印度的全面開放，其用意不言自明。

環顧全球，在大國中讓美國不放心的，除了俄羅斯外，也就剩下唯一的中國了。在「9‧11」之後的十年時間裡，中國經濟快速發展，軍事實力明顯增強，在世界範圍內的影響力日益擴

大，在全球問題上的「中國力量」已不容忽視。「中國崛起」、「中國速度」、「中國力量」成為全球媒體上出現頻率最高的詞彙。

中國在許多方面正在追趕和超越美國。二〇〇八年，中國對世界經濟增長貢獻率超過 20%；二〇〇九年這一數字達到 50%。這是二戰以來首次出現的具有歷史性意義的事件。第一次有國家對世界經濟增長的貢獻越過美國。國際上一些權威經濟機構預測，中國將在二〇二〇至二〇二五年，經濟總量越過美國，居世界第一。二〇〇八至二〇〇九年的世界性金融危機導致美國經濟嚴重衰退，而中國經濟取得 8% 來上的增長。有機構預測，美國被中國趕超的時間將提前。

面對這樣一個蒸蒸日上的大國，美國自然要防范。中美在全球範圍發生衝突的可能性在未來十年概率應該處於低水平，但在亞太地區的主導權之爭已經顯現。美國試圖維持其在亞太地區的主導權，保持其在韓國、日本、新加坡的軍事存在。

但隨著中國和平崛起、特別是東亞經濟一體化意願的加強、中國東盟自由貿易區的正式運作，中國對本地區經濟拉動力的加強，中國的主導作用亦非美國所及。歐巴馬政府高調「重返東南亞」、加強與印度的關係，其用意十分清楚。可以預計，今後中美在亞太特別是東亞地區的主導權之爭將日趨激烈。臺灣問題最有可能成為導火索。臺灣問題涉及中國核心利益，「一個中國」原則是中國政府的底線。臺海兩岸「不通、不獨、不武」，兩岸分離，符合美國的最大利益。美國在大多數時間裡掌握著兩岸關係的主導權，扮演平衡者的角色。

對於中國政府而言，實現和平統一是最佳的選擇，維持臺海現狀是次優，在臺灣選擇「獨立」時才能用武力統一，但這是下下策。

　　對於「臺獨」，美國政府採取的是「利用」加「約束」，既要利用「臺獨」制衡大陸，同時，又「約束」「臺獨」勢力不挑戰底線。「臺灣獨立」引發兩岸軍事衝突，不符合與美國全球戰略。因此，維持現狀，不支持臺灣「獨立」，阻止大陸採取軍事手段，是美國政府奉行的政策。

　　對於根據所謂的《臺灣關係法》向臺灣提供武器也是其政策的重要內容。美國認為，中國綜合國力的增長和軍事現代化水平的提高，已在很大程度上打破了兩岸軍事平衡，美國需要通過對臺軍售，加強臺的防禦能力，以增加大陸對臺動武的難度，從而達到維持臺海現狀的目的。

　　從美國軍事戰略上對中國的圍剿鏈而言，臺灣是其中最重要的一環。加強臺灣對大陸的軍事抗衡實力、有效嚇阻大陸，是美國共和民主兩黨共同的戰略政策。美國一直以為，只要幫助臺灣提高軍事實力，增強臺灣對大陸的軍事防禦能力，是始終掌控臺灣、圍剿、抗衡中國大陸的最有效手段，是防止大陸武力收復臺灣的最強有力的措施。

　　自從國民黨重新執掌臺灣政權，馬英九上臺以來，臺灣方面採取了務實的大陸政策，加強與大陸的交流與合作，臺灣與大陸的關係急速升溫，和解態勢愈發明顯。這種局面不符合美國的利益。

　　歐巴馬政府似乎有點坐不住了。二〇一〇年一月六日美國國

防部宣布批准雷神、洛克希德・馬丁公司執行布希政府二〇〇八年十月宣布的軍售計劃，向臺灣出售「愛國者3」反導彈系統、「黑鷹」直升機以及臺灣 F-16 戰鬥機群所使用的通信設備等武器裝備。據軍事分析家稱，「愛國者」是同級武器中最精良的專彈之一，可以擊落中國大陸的中短程導彈。與以往不同，這次中國政府不僅僅是口頭上的反應。

與以往任何一次都不同的是，在美國宣布對臺軍售只有幾天之後，一月十一日，中國宣布當天在境內進行了一次陸基中段反導攔截技術試驗，並取得了預期的目的。中國政府在試驗當天對外宣布顯示了中國軍事的透明度。中國外交部表示，這一試驗是防禦性的，不針對任何國家。但中國政府選擇這一時機進行中段反導試驗不是無所指的。

對於美國對臺軍售，中國方面做出了近三十年來罕見的反應。由外交部、國防部、國臺辦、全國人大外委會同時向美國提出抗議，並決定推遲中美兩軍部分交往、制裁參與售臺武器的美國公司。中國強硬的回應軍售事件，出乎美方的預料。

二〇一〇年一月，在紐約召開的伊核問題會議，中國只派出一名低級別的外交官與會，反對對伊朗實施更加嚴厲的制裁措施。中國「八一七」公報，規定美國逐步減少對臺軍售。但事實上，美國從未停售對臺武器。通過對臺軍售，既為軍火商賺取高額利潤，又給兩岸和平製造障礙，給島內「臺獨」勢力長勢。中國政府對美軍售的強硬反擊，是維持國家的核心利益的需要，也是顯示國家實力上升、國際話語權增強的必然。

▶ 「疆獨」──中國分裂勢力之三

「疆獨」為何挑「7‧5」鬧事？

如果說，二〇〇八年「3‧14」拉薩事件是西藏分裂勢力與西方反華勢力相勾結以搞亂北京奧運會為主要目而演的一齣暴力醜劇。那麼，二〇〇九年新疆「7‧5 事件」，則是「疆獨」勢力在西方支持下，為分裂中國，遏制中國上升勢頭而掀起的一場慘無人道的殺戮。接近二千人的傷亡，在和平時期難以想像的嚴重暴力犯罪事件。

這次暴力事件的策劃者是一個被美國布希總統（前）稱之為世界和平的楷模、民主主義先鋒的所謂「世界維吾爾代表大會」主席熱比婭。這個從擺地攤起家的新疆首富在境外號召「要勇敢一點」、「要出點大事」，在烏魯木齊等地上演了一場血腥的恐怖事件。恐怖事件後，熱比婭迅速成為西方國家的座上賓，德國、澳大利亞、日本等國紛紛邀請，熱比婭瘋狂地在國際上扮演西方反華的馬前卒。

美國等西方國家在人權、民主、反恐等方面具有雙重標準，凡是敵人的敵人就是朋友，這就是美國人的信條。如今成為美國政府最大心病、最大敵人的拉登，原來是美國中央情報局一手扶持起來的；已被美國除掉的伊拉克的薩達姆曾經也得到美國政府的支持。

「9‧11」之後，美國在世界範圍內展開反恐戰爭，拉登的基地組織、阿富汗的塔利班、伊拉克的薩達姆成為美國政府重點打擊目標。二〇〇二年九月，東突組織被聯合國認定為國際恐怖

組織，是國際社會的共同敵人。在過去十年間，東突恐怖分子在新疆製造了近二百起恐怖事件，造成無辜人員死亡七百人。

這種恐怖組織在一些西方國家的眼裡卻成為「中國政府壓制」的對象在德國、美國、土耳其、日本、澳大利亞等設立反華據點，並得到一些具有政府背景共所謂基金會的資助，讓我們真切地看到西方的雙重標準和險惡用心。

新疆「7・5」事件的爆發並非偶然，而是一齣精心策劃的反華、分裂恐怖事件。

暴亂造成 197 人死亡，1680 人受傷，焚燒車輛 261 輛，其中公交車 190 輛、出租車 10 餘輛，損毀商鋪 203 間、建築面積 6300 平方米，損毀民房住宅 14 間、建築面積 1200 平方米。「7・5」打砸搶燒嚴重犯罪事件是建國以來在新疆歷次事件中造成人員傷亡和經濟財產損失最嚴重的一次。全國人大常委會副委員長司馬義・鐵力瓦爾指出「這次事件是新疆六十年來發生的性質最惡劣、傷亡人數最多、財產損失最嚴重、破壞程度最大、影響最壞的一次暴力犯罪事件」。

為什麼是七月五日？當天，中國國家主席胡錦濤啟程去義大利出席拉奎拉舉行的八國集團同發展中國家領導人對話會議，並對義大利進行國事訪問的。「7・5」事件爆發，如同事先約好一般，「疆獨」分子利用國際媒體顛倒黑白指責中國政府鎮壓，把「東突」發動的暴力恐怖事件渲染成「和平示威」、「和平請願」，是德國總理默克爾在記者招待會上聲稱要與中國主席商討「7・5」事件。

西方的目的就是讓中國在國際舞臺上難堪，並借此在許多重

大問題上壓中國政府讓步。在金融危機中，西方政治影響、經濟實力江河日下，利用中國分裂勢力，搞亂中國，拖延中國發展步伐是西方的目的所在。

西方呵護下的「疆獨」勢力

「疆獨」勢力的活動中心主要有三個：以德國慕尼黑為主的歐洲、以土耳其為主的中亞國家以及美國。「世維會」正是在慕尼黑所在的巴伐利亞州的庇護下得以成立的。現在，該地區仍然是「世維會」名義上的總部。除此之外，「世維會」披上的「民主」、「人權」外衣得到一些北歐國家的支持。由於土耳其等中亞國家的維族人較多，是一個從事分裂活動的重點區域。

美國是「疆獨」的最大支持者。一九九五年，《福布斯》捧出了熱比婭；一九九六年，熱比婭的第二任丈夫司地克肉孜前往美國。司地克肉孜長期從事新疆分裂活動，曾經為此而入獄。熱比婭曾經與丈夫一起到土耳其，拜會「東突」勢力的代表人物艾沙。一九九六年，司克肉孜前往美國後，在美國的幕後指揮下，中國新疆境內「東突」分裂勢力的犯罪活動進入一個高潮。熱比婭的犯罪活動也進入了一個新的階段。

美國允許一些東突分子在美組建「流亡政府」，直接支持鼓動這一恐怖組織反對中國。二〇〇四年九月，「東突流亡政府」在美國宣告成立。澳大利亞「東突協會」主席艾哈邁德・埃根貝爾迪自封為總統，任命「東突民族自由中心」艾尼瓦爾・玉素甫為總理。在這個「流亡政府」的成立聲明中，艾尼瓦爾稱：「成百上千萬的東突厥斯坦人深知和熱愛美國……我們向美國尋求幫

助。」中亞地區「疆獨」分裂勢力的總頭目莫合里索大就曾公開表示：「要實現獨立，沒有國際的支持不行，沒有西方的支持不行，僅有少數國家的支持也不行。要打『國際牌』，使新疆問題國際化。」

美國等西方國家的縱容和支持，對「東突」的發展起了重要作用。美國前總統克林頓、前副總統戈爾等政要就曾多次祕密會見「東突」分裂分子；美國國會還專門召開新疆問題聽證會；美國中央情報局派出專門人員負責對「東突」分裂主義分子進行培訓。一九九九年，美國政府發表的《中國人權報告》首次指責中國在新疆的民族政策。克林頓在公開場合與「東突厥斯坦民族代表大會」執委會主席艾尼瓦爾會面，接受了所謂新疆維吾爾族人遭受迫害的材料和錄像。霍普金斯中亞——高加索問題研究所和史密斯——理查德森基金會也派出專人前往阿拉木圖，會見「東突」分裂組織頭目。美國對「東突」恐怖勢力的政治活動則公開支持。

二〇〇一年九月底，在談到中國支持美國打擊恐怖主義勢力時，美國國務卿鮑威爾公然表示美國在臺灣問題和中國少數民族問題上「不會放棄原則。」

除美國之外，與伊犁接壤的中亞各國，其民族、信仰和習俗與新疆接近，是新疆「三股勢力」藏身之所。土耳其和一些中亞國家也或明或暗地支持「東突」分裂運動，還允許其在本國境內開展活動、建立基地、向外輸出「泛突厥主義」。在這些國家的支持下，分裂組織創辦了多種刊物，連篇累牘地發表文章，攻擊中國的民族政策。原設在德國的「解放電臺」和「自由和歐洲電

臺」已移到捷克和哈克斯坦的阿拉木圖，並在土耳其增設了「獨立解放電臺」，索強告傳力度。

事實上，美國也沒有讓「疆獨」分子失望。美國在關塔那摩監獄收押了數十名東突恐怖分子。對於這些人員，中國早就希望將其引渡回中國接受審判，但是美國在二〇〇六年卻將五名東突分子釋放。滑稽的是，這五名恐怖分子，美國不願留在本國，歐盟各國同樣不願接受，最終只能丟棄於貧窮的阿爾巴尼亞。

二〇〇八年十月，美國聯邦地區法院法官裡烏比納又擅自下令釋放十七名關押在關塔那摩的東突分子。此舉不僅遭到中國政府強烈反對，白宮也強烈反對。在此情勢下，一場放虎歸山的鬧劇才匆匆收場。

歐巴馬政府上臺後，宣布將關閉關塔那摩監獄。為安置這十七名東突犯人，美國聯絡了近百個國家，都被拒絕。無奈之下，美國只好找兩個小島國，百慕大和帕勞。二〇〇九年七月，美國已經決定將這十七名東突分子遣送至太平洋中的小島國帕勞，其中四人已送達百慕大。

「東突」與「疆獨」

突厥歷史上是一個游牧民族。西元五二二年，突厥建立汗國，後分裂為東西兩個突厥汗國。十九世紀末期，西方別有用心的殖民主義者把俄羅斯中亞地區稱之為「西突厥斯坦」，把中國的新疆稱為「東突厥斯坦」。新疆自漢代起被稱為「西域」，即中國西部疆域。清朝乾隆皇帝改為「新疆」即「故土新歸」。

十九世紀中期，阿富汗人馬丁魯提出泛伊斯蘭主義，旨在聯

合所有回教國家，建立統一的伊斯蘭政治實體。泛突厥主義運動源於沙俄統治下受壓迫的韃靼人，追求從小亞細亞到中亞所有突厥語系民族建立一個統一的突厥帝國。這兩種思潮在新疆是表現就是「東突厥斯坦獨立運動」。

泛回教主義帕泛分厥主義從二十世紀初開始傳入新疆，到民在初年略具規模。二十世紀三〇年代初，麥斯武德、穆罕默德・伊斯敏等泛突厥主義和泛回教主義者相繼返回中國。他們在泛分厥主義帕泛教主義是基礎上，發起了東突主義坦獨立運動，並形成了自己的思想體系和政治綱領。

一九三三年十一月，在英國主義的暗中支持下，在喀什建立了「東突厥斯回教共和國」。喀什回教共和國雖然存在了僅僅三個月，卻是東突厥斯坦獨立運動之始」，新疆民族分裂主義分子一直承襲至今。

因為本身力量的薄弱，新疆的東突厥斯坦獨立運動需要外部力量的支持。遠從第一次大戰時期起，為了在從中亞到北非的回教國家中擴大自己的影響。英、德、日、土耳其以及沙俄（以後的蘇聯）等國均為了各自的目的扶持過泛回教主義分子和泛突厥主義分子。

三〇年代初，為了抵制蘇聯在新疆的影響，英國支持了喀什的「東突厥斯坦回教共和國」。日本在推行大蒙滿計劃的同時，也策劃在中國建回教國。日本人收留了奧托曼帝國末代蘇丹阿卜杜爾・海米德二世之子，並計劃讓他出任新疆獨立後的首腦。

抗日戰爭末期，為了對抗新疆的英美勢力，蘇聯再次介入新疆事務。二十世紀四〇年代初，蘇聯幫助伊犁、塔城地區回教祕

密組織了「解放組織」。一九四四年，解放組織在伊寧（伊犁地區首府）蘇聯領事館的直接領導下起事，在伊犁、塔城和阿爾泰三個地區成立了「東突厥斯坦共和國」。史達林幫助建立這個政教合一的伊寧政權的目的，並非是要幫助新疆回教獨立，而是要以新疆問題做籌碼，迫使中國政府承認外蒙古獨立和蘇聯在中國東北的特權。

一九四五年八月的《中蘇友好條約》，讓史達林的計劃得以實現。此後，蘇聯調解伊寧政權與國民黨談判，成立新疆省聯合政府。伊寧政權實際掌握在反對獨立的親蘇回教阿合買提江等人手中。伊寧方面放棄了「東突厥斯坦共和國」的稱號，但一直維持事實上的獨立，到一九四九年新疆解放為止。

抗日戰爭時期，麥斯武德、穆罕默德・伊斯敏、艾山・玉素甫等東突獨立運動主要人物回到中國，在中國內地辦刊物，宣傳泛突厥主義和泛回教主義的思想。伊寧事件爆發後，國民政政府麥斯武德、伊斯敏、艾山等安排在新疆省聯合政府中任職。伊斯敏三十年代流亡印度時寫成的宣揚新疆獨立的《東突厥斯坦史》一書此時也在新疆廣為流傳。六十多年來，此書一直被東突獨立運動列為經典，在年輕一初的回教徒中傳閱。新疆和平解放後，麥斯武德被關押，伊斯敏、艾山等再次逃亡。此時的東突獨立運動並沒有因為中國革命在新疆的勝利而絕跡。老一代東厥運動分子在新疆的影響還在。伊斯敏、艾山等人在土耳其等地繼續東厥獨立運動。他們死後，在國外的年輕一代的回教獨運分子還在繼續他們的事業。特別是中國改革開放以來，新疆內外的形勢變化給東突獨立分子提供了更多的機會。

國際勢力支持下的「東突」恐怖活動

從二十世紀九〇年初後,「突厥」的暴力活動進入高峰期,並且急速地向恐怖主義轉化。這種轉向的關鍵原因在於美國的支持。

一九七九年,蘇聯入侵阿富汗之後,當時美國中央情報局派出專門人員培訓了一大批恐怖分子,即所謂「穆斯林聖戰者」來對付蘇聯,最著名的就是賓・拉登及其基地組織,這其中也包括「東突」恐怖組織。一九八九年,蘇聯從阿富汗撤軍之後,「東突」恐怖組織的一部分人繼續跟隨美國,另一部分人跟隨賓・拉登及其基地組織,但這兩部分人在採取恐怖暴力手段分裂中國上是一致的。他們大舉向中國境內滲透,製造恐怖暴力事件,「東突」恐怖勢力就這樣誕生了。

二十世紀九〇年代是「東突」分裂組織惡性發展的年代。一九九二年十二月,「東突」分裂主義者在沙特、土耳其的資助下,成立了「東突厥斯坦國際民族聯合委員會」,確定了國名(東突厥斯坦國)、國旗(月牙旗)、國歌(夏迪雅)和國徽,標誌著境外「東突」分裂主義運動走向聯合。一九九三年四月五日,美國、德國、法國、巴基斯坦、沙特及中亞等十七個國家的「東突」分裂織代表再次在土耳其宣布建立一致流亡政府,任命熱扎彼肯為「政府首腦」,發表了獨立宣言,並呼籲聯合國、國際人權組織和伊斯蘭組織向中國施加壓力,還聲稱將與「民運」組織、達賴集團進行「聯合行動」。一九九六年十月在和田,來自新疆十幾個州(縣)的分裂組織代表舉行會議,宣布成立「伊斯蘭真生黨」,通過了黨綱、組織建設等七項文件,標誌著境內

分裂勢力也開始由分散走向聯合。

　　一九九八年開始，「東突」恐怖勢力在新疆的活動發生了一些變化，境內外的「東突」恐怖組織之間的聯繫大大加強，境外組織直接指揮，派遣在境外經過訓練的恐怖分子入境，聯絡發展境內組織和成員，實施恐怖活動。僅一九九八年當年，境外「東突」恐怖組織就派遣了一百餘名各類人員入境。特別是境外「中亞維吾爾民族聯盟」，先是密令伊犁地區各恐怖組織「挖組道、修掩體、儲備糧食」，做好戰備；以境外派遣人員斯拉甫力為首的恐怖組織頭目在伊寧縣召開「七人會議」，密謀裡應外合，於六月三十日在伊犁發動恐怖暴亂。由於新疆公安部門及時偵破了這次會議，使恐怖暴力亂未能得逞。

　　在南疆地區，以艾山・買合蘇木為首的境外「東突」恐怖組織「東突厥斯坦伊斯蘭運動」任命了吾斯曼・依米提為「新疆總指揮」，派遣其入境，先後在喀什、和田、阿克聯、烏魯木齊等地建立了分部和十五處恐怖活動訓練點，訓練了一百多名恐怖骨幹分子，製作了一批爆炸裝置。境外「東突」恐怖組織還不斷向新疆偷運武器。

　　一九九〇至二〇〇一年，境內外「東突」恐怖勢力在新疆境內製造了至少二百餘起恐怖暴力事件，造成各民族群眾、基層幹部、宗教人士等 162 人喪生，440 多人受傷。

　　從一九九二年到一九九七年，新疆警方共摧毀境內的「東突」恐怖組織三十多個，抓獲恐怖分子數百人。一九九七年以後，境內的「東突」恐怖組織的骨幹成員，相繼叛逃出國，同境外的國際恐怖勢力勾結起來，繼續在新疆製造暴力恐怖活動。

「9‧11」事件後，美國加大了對「東突」恐怖勢力的支持。通過占領阿富汗，美國支持大批「疆獨」分子從中阿邊境潛入，使「東突」恐怖勢力恢復了元氣。

二〇〇八年八月四日喀什遭遇恐怖襲擊。喀什邊防武警部隊被兩名維吾爾族男子用爆炸物等襲擊，造成 16 人死亡、16 人受傷。警方懷疑是東突組織「東伊運」所為。二〇〇八年八月十日凌晨，庫車發生爆炸案，導致至少兩人死亡，另有五名犯罪嫌疑人被當場擊斃。

自一九九七年起依託阿富汗基地組織的訓練營地，艾山‧買合蘇木網絡新疆恐怖分子和宗教極端分子進行培訓，隨後送往阿富汗戰爭中進行實戰鍛鍊，再潛入中國境內進行恐怖破壞活動。艾山‧買合蘇木，新疆疏勒縣人，境外「東突厥斯坦伊斯蘭運動」主席。「東突厥斯坦伊斯蘭運動」被國際上認定為「最暴力化的組織」。二〇〇二年九月十一日，聯合國安理會正式將這個組織列入恐怖組織和個人名單。二十世紀九〇年代初，艾山‧買合蘇木因參與民族分裂和暴力恐怖活動，被公安機關處以三年勞動教養。一九九六年解除勞教後逃往國外。一九九七年四月他在巴基斯坦成立了「東突厥斯坦伊斯蘭運動」。之後又投靠了「塔利班」奧瑪爾和賓‧拉登，並成為「基地組織」的「共同問題顧問」。艾山‧買合蘇木和賓‧拉登的「共同問題」就是將新疆的恐怖組織和塔利班和賓‧拉登連成一體，成為國際恐怖組織的一部分。二〇〇三年十月二日在巴基斯坦北部山區，艾山‧買合蘇木被美國和巴方軍隊的聯合圍剿擊斃。

西方熱捧「達賴第二」熱比婭

自從中國新疆「7‧5」暴力事件發生後，本來就是新聞人物的熱比婭，又被西方反華集團熱炒起來，西方正在把她打造成「達賴第二」。

件實證明，七月五日發生在烏魯木齊的打砸搶燒，是以熱比婭，為首的境外「疆獨」組織「世界維吾爾代表大會」指揮煽動的嚴重暴力犯罪事件。「世維會」於二〇〇四年在德國慕尼黑成立，由恐怖組織「世界維吾爾青年代表大會」和「東突民族代表大會」兩個分裂組織牽頭，聯合散居於世界上十多個國家的二十多個「東突」分裂組織組成。

熱比婭因危害國家安全罪被批捕判以八年徒刑，隨後赴美「保外就醫」隨即瘋狂進行攻擊祖國的分裂主義活動。二〇〇六年，熱比婭在美國成立「國際維吾爾人權與民主基金會」，並擔任美國維吾爾人協會主席。同年十一月，熱比婭擔任「世維會」主席。

二〇〇七年六月，美國總統布希在白宮見熱比婭，稱讚熱比婭是維吾爾族的優秀代表，是一個民族鬥士。二〇〇六年，熱比婭因分裂新疆有功被提名為諾貝爾和平獎候選入。經過兩年多的時間，美國成功地將熱比婭改型，從一個「東突」恐怖組織的支持者，假借反悔，聲稱不再做國家的罪人，利用中國政府的人道主義精神，在美國的幫助下離開中國。並由此成為一個表面上的「和平基義」者，其實像達賴喇嘛一樣，成為所謂「人權」鬥士。

熱比婭在「世維會」二大上當選為主席。「世維會」在美國

設有分支機構「美國維吾爾協會」，每年能從美國國會支持的「美國國家民主基金會」獲得二十萬美元經費。「世維會」主要是依靠迎合西方的一些民主價值觀念，將所謂民主宗教問題和人權問題掛鉤，來獲得外國政界和反華人士的支持。西方國家也利用「世維會」作為反華的一個工具，實現相互利用。

「7‧5」事件後，熱比婭就在美國開展了一系列「疆獨」活動，除了受美國官方機構或明或暗的支持外，更受美國媒體的大力吹捧。如《紐約時報》等媒體就對「7‧5」事件進行顛倒黑白和張冠李戴的歪曲報導。熱比婭在接受德國《焦點》雜誌採訪時，更公然要求美國幫助新疆「獨立」。

對於新疆事件，俄聯邦委員會成員、前駐華大使羅高壽表示，事件是西方敵對勢力組織策劃，某些西方勢力一直對中國不友好，並企圖分裂中國。

羅高壽指出：「在西歐、美國和其他國家一直存在對中國敵視的某些組織。」他說，這些組織希望將中國分裂成幾個主權國家，就像製造一九九一年蘇聯解體。

羅高壽認為，新疆事件非常像二〇〇八年西藏事件，當時是想破壞北京奧運會。他同時表示，相信中國政府會在近期解決好矛盾衝突」他說：「中國領導行事務實，他們非常清楚自己面臨的困境並有足夠把握解決該問題。」

發生在新疆烏魯木齊的「7‧5事件」令人震驚，許多人也指出，事件背後的「疆獨」背景與海外淵源深厚，部分西方媒體在此次事件發生後，也成了「疆獨」分子謬論的傳聲筒。

馬來西亞《星報》揭露了此次「7‧5事件」背後的種種「巧

合」，「尋求獨立的分裂分子在西方永遠都有自己的支持者」。文章指出，西方主流廣播新聞媒體紛紛採訪了分裂勢力的領導人，然而他們對受害者或政府官員的采訪卻沒有這麼多。與此同時，五日的魯木齊的暴力事件也恰好選擇「中國在世界面前露臉的時刻」。文章稱，有傳聞美國中情局染指新疆騷亂，美方複製了五〇年代鼓動西藏騷亂和介入前不久發生在伊朗的反政府示威的模式。美國的動機可能是「讓崛起的中國偶爾出現麻煩和失控的局面」。

實際上，有關美國中情局助熱比婭「一臂之力」的消息並不是第一次出現。熱比婭一到美國，「大名鼎鼎」的「美國國家民主基金會」就找上門來，表示願意提供資金支持，而該基金會的背後就是美國中央情報局。

二〇〇七年，熱比婭領導的「世維會」和「國際維吾爾人權與民主基金會」等「東突」組織一共得到「美國國家民主基金會」五二萬美元資助。

二〇〇九年，「世維會」籌備在美國召開「三大」，同樣得到了美國部分議員和「美國國家民主基會會」的支持。熱比婭曾聲稱，將在「三大」上籌劃制定針對中國六十週年大慶為重點的滲透破壞活動；炮製「新疆獨立五十年三步走」計劃。「世維會」網站上赫然顯威，五月分「三大」召開地點竟然是美國國會的會議廳，並且有近十名美國議員參加，多數是美國國會老牌的反華議員。而「7‧5」事件過後的第二天，熱比婭在華盛頓的全國媒體俱樂部舉行新聞發布會辯解稱，中國政府對她的指責「是虛假的」，而該俱樂部系美國國務院所屬機構。

美國國務院發言人凱利承認以熱比婭為首的「世維會」的確從美國「全國維護民主捐贈基金會」獲取資金援助。而該基金會的資金來源是美國國會。

自「7・5」打砸搶燒嚴重暴力犯罪事件後，熱比婭在國際上異常亢奮。長期以來，日本右翼勢力企圖借助分裂分子，達到反華和對抗中國的目的。在熱比婭赴日前，中國外交部發言人秦剛鄭重表示，中國對日本允許熱比婭訪日表示強烈不滿。中國駐日本大使崔天凱也表示：「犯罪分子」訪日，除了分裂中國的目的外，「也要給中日關係造成麻煩」。但是「疆獨」分子熱比婭最終還是出現在日本，日本外務省發言人兒玉和夫在記者會上辯稱，熱比婭來日本是受「民間方面有關人士的邀請，在接到其簽證申請後，按照正常手續進行審查後發放簽證的」。

日本自民黨著美右翼員議員中川昭一，與熱比婭聯繫十分緊密。在熱比婭竄訪日本時，他不但高調邀請熱比婭給一些國會議員演講，還成立了一個「維吾爾族學習會」，並讓其他日本右翼議員參加。當時擔任日本民主黨黨首的小澤一郎，及其他多位民主黨議員都打算去這個會，但由於日後還將到中國訪問，擔心破壞中日關係，經再三考慮放棄了初衷。

「7・5」事件後，土耳其為何跳出來？一九九二年，「東突」分裂勢力在土耳其等國的資助下，在伊斯坦布爾召開「東突厥斯坦民族代表大會」。從這一年開始，反華勢力有了一個新的共同工具。土耳其是除中亞外，境外維族人聚居最多的地區，約有十萬人。現在，在土耳其活躍著近二十個「疆獨」組織。如今在土定居的維族人多數是第二三代移民，他們甚至沒到過新疆。

土耳其政府私下對「東突」一直很縱容。現在在德國、瑞典等地生活的「東突」分子中，幾乎一半是通過土耳其進入歐洲的。

土耳其一個被稱為 M・熱扎・貝根將軍的人至今仍是「世維會」名譽主席。這個貝根除了是一個老牌的「東突」分子外，還在土政界、軍界擔任過要職。每當「東突」分子在土耳其遇到麻煩時，多是由貝根出面解決。

在「7・5」事件後，世界上唯一明目張膽跳出來的只有一個國家就是土耳其。土總理埃爾多安指責中國對待新疆維吾爾族的方式「像是種族滅絕」。

對熱比婭來說，北歐可謂其「福地」，她在那裡正式完成了從商人到政客的轉型，並首次被西方輿論所熟悉。二〇〇四年，挪威一家非政府組織授予熱比婭「拉夫托人權獎」。挪威的那個人權委員會其實將本不了解比婭，之所以頒獎給她是因為看到美國有一篇對熱比婭的報導。此時的熱比婭正待在新疆的監獄裡。

二〇〇六年，在北歐「東突」分子煽動下，瑞典議員安納莉・埃諾克松提名熱比婭為「諾貝爾和平獎候選人」。埃諾克松在瑞典府壇並無府績可言，常靠結交中國、越南、緬甸的反政府人士來譽。他同時也是瑞典議會「西藏委員會」的成員。

二〇〇六年十一月，熱比婭在「世維會」大本營慕尼黑被選為「主席」，並借機第一次訪問了柏林。第二年十月，熱比婭和德國政黨相關的基金會代表以及德國聯邦議會人權委員會建立起了聯繫。在德國，與熱比婭關係最密切的政客當屬德國綠黨的政治家。在綠黨議會黨團主席貝克的網站上，現在還懸掛近貝克、

該黨主席羅特與熱比婭的合影。

熱比婭的自傳《天空鬥士，中國頭號敵人》，由貝塔斯曼旗下的德國蘭登書屋海恩出版社於二○○七年出版。該書作者亞歷山德拉‧卡維柳絲是《明鏡》、《明星》週刊出名的反華作家。德國越來越可以與土耳其比肩，成為「疆獨」分子的另一個樂園。

歐巴馬上臺後，美國「反恐」的表演還沒有結束，大張旗鼓地再次利用「東突」，仍然不合適。熱比婭就是美國精心策劃的「東突」替代品。

二○○八中國奧運年開始，熱比婭撕下了自己的「和平」面具，重操恐怖暴力舊業。二○○八年奧運前後，熱比婭像達賴喇嘛在西藏鼓動暴力一樣，在新疆鼓動和推動了至少三起恐怖暴力事件，造成至少二十三人死亡。熱比婭還到處鼓動外國政府拒絕參加北京奧運會，抵制北京奧運會，美國人給予她的一系列光環和頭銜，使得她有條件開展此項遊說活動。

二○○九年是中華人民共和國建國六十週年，在國慶即將臨近的時候，熱比婭策劃七月五日發生在烏魯木齊的嚴重暴力事件證明，她已經成為美國為首的西方反華勢力手中對付中國的一張牌。

第九章——

亞洲合作考驗中國智慧

危機呼喚亞洲合作。

伴隨著一九九七年亞洲金融危機、二○○八年全球經濟危機，加強區域合作，建立區域救助制度的必要性、迫切度，已經被亞洲各國所認識。亞洲、特別在東亞的合作機制正在快速建立。

全球經濟一體化的新時代，坐在全球化班車上的國家，只要「班車」出現稍微嚴重一點的故障，大小國家都將受影響。十年內經歷兩次危機，亞洲國家的危機意識呼喚合作進一步深化。

危機不斷地促進亞洲的合作。一九九七年之後，東盟與中日韓（10＋3）、東盟與中國（10＋1）、東亞峰會等各種合作機制迅速形成。東亞出現了以東盟為主軸的合作模式。二○○八年危機之後，亞洲外匯儲備庫開始建立。

亞洲必須加強合作，否則，無法與歐盟和北美兩大經濟區域抗衡。另一方面，亞洲合作，建立合作機制，有利於減輕對國際市場的依賴，對外抗衡歐美；對內，有助於消除國家間的隔閡和爭端，維護本地區的和平與穩定。

亞洲的合作水平落後於歐盟、北美。而無論是歐盟，還是北美，大國都在區域合作中起到核心作用。亞洲合作進展緩慢的原因也在於中、日、印等大國各有各的想法和顧忌，沒有發揮引領作用。歷史和現實原因，造就了目前東盟的角色。

中日兩國政府在亞洲合作的主導權。表面上，都支持東盟在亞洲合作中的領導地位，其實，都明白東盟的政治號召力、經濟規模、市場規模都不足以帶動區域合作。東盟與中日韓（10＋3）的合作模式存在天然的缺陷。

對於中國而言，通過區域合作，首先可以減輕對歐美市場的依賴，提高亞洲市場內部貿易的比例，擴大亞洲市場的內需，改變經濟發展不平衡的結構性障礙。其次，作為世界經濟三大板塊之一的東亞地區，不加強內部，合作形成區域互助機制，就意味著與歐盟、北美相抗衡過程中落下風。

更為重要的是，不斷加強的經濟融合，對於消除彼此的隔閡，和平解決爭端，維護地區穩定與發展，至關重要。法德的和解之路，給了中日啟示，超越過去、超越歷史，以全新的視野，共同推進區域合作。

隨著中日、中美力量對比變化，日本有可能調整方向。日本民主黨新政權釋放出外交善意，有助於中日互動，實現類似法德式的和解。

東亞的合作深化，需要中國智慧。

▶ 亞洲危機意識

毫無疑問，與歐盟（EUROPEAN UNION）、北美自由貿易區（NAFTA）相比，亞洲在區域合作競爭中落後了。十年間經歷了兩次金融危機的衝擊，提升了亞洲作為一個整體的危機意識，促使各國、各地區領導人積極地謀求對策，而且，人們已經看到了部分應對措施的落實。

亞洲的危機意識來自何處？從大的方面分析，這種危機源自兩個方面：一個方面是亞洲在世界區域一體化進程中處於落後局面。與歐盟（EU）、北美自由貿易區（NAFTA）相比，無論是

合作的深度和廣度，以及區域影響力來看，亞洲區域合作都不足以相提並論。二十世紀五〇年代中期的歐洲（歐共體）的合作，是全球區域合作的先驅，達到了目前為止最高的水平，形成了統一的市場，發行了統一的貨幣（歐元），成立了超主權的機構──歐洲議會。

北美區域合作雖然起步較晚，但進展迅速，一九九四年一月一日，美國、加拿大、墨西哥北美三國達成協議，促進了地易貿區增長和直接投資，並加速了三國間的產業分工。在美國的極力推動下，NAFTA 有向南擴展的趨勢，從北美延伸到中南美，形成了一個更大的合作區域。

亞洲區域合作狀況不理想。作為亞洲經濟大國的日本、中國、韓國沒有在亞洲區域合作中發揮大國的引領作用，應該是主要原因之一。迄今為止，亞洲合作主要圍繞東盟與各國合作展開的，暫且不說統一的貨幣，就連投資與貿易自由化都尚未形成一個區域市場。不過，情況正在發生變化。亞洲大國的覺醒及積極參與，讓亞洲區域合作呈現光明前景。東盟 10＋3、東盟分別與中日韓合作萬事通制的形成以及東亞峰會機制的啟動，對亞洲區域合作正產生積極的影響。

亞洲危機意識的第二個方面是更直接、更讓各國有切膚之痛。十年間的兩次金融危機對亞洲的衝擊，特別是小經濟體的弱不禁風，更顯出區域形成合力的重要性和迫切性。

回顧一九九七年的亞洲金融風暴，泰國、印尼、馬來西亞，包括韓國甚至世界第二大經濟大國的日本都不遭受了嚴重的衝擊，金融市場、實體經濟嚴重衰退。二〇〇七年，源自美國的次

貸危機，演變成為全球性的金融危機，再次衝擊亞洲經濟，日本、韓國及東盟各國經濟陷入嚴重衰退。中國雖然維持正增長，但亞洲各國依賴發達國家的出口市場的特徵，再次被證明是不可持續的。兩次金融危機加速了亞洲的合作步伐。十年前的危機之後，區域加快了投資與貿易的合作進程，十年後的危機，又促使區域內的金融、貨幣合作。這些進展都是在付出慘重經濟代價後取得的。

一九九七年，基金大鱷索羅斯瞄準東南亞各國（地區）經濟上的漏洞，對亞洲金融市場發動攻擊，從泰國、馬來西亞、印尼、香港直至韓國、日本，在一九九七年五月至九月的四個月裡，上述國家和地區的貨幣大幅貶值，外匯儲備銳減，經上直線下挫，資本大量外流，東南亞諸國十多年的經上增長成果毀於一旦。

美國及國際貨幣基金組織（IMF）一直袖手旁觀。直到八月，泰國才得到 IMF 帶有苛刻條件的資金援助。在此前的七月二十五日在中國上海召開了由中、日、韓、澳大利亞、紐西蘭及馬來西亞、印尼、中國香港等十一個亞太國家和地區的央行和金融管理局高層代表參加的會議，強調將與 IMF 研討向相關國家援助。十月，國際投機資金又開始攻擊香港市場，造成了香港十月的「股災」，特區政府動用外滙儲備和有效的金融手段，擊退「金錢游鱷」，香港股市為此付出沉重代價，從 16800 多點跌至 9000 點。

二〇〇八年至二〇〇九年，亞洲再次受到全球金融危機的影響這次衝擊力更大，影響範圍更廣，不僅東南亞，就連全球經濟

實力老二的日本也深陷衰退漩渦。東盟十國中的佼佼者新加坡經濟增長跌幅位居前列，而日本雖在地理上遠離危機震源地，但其與歐美緊密相連的金融業務，以及依靠出口的經濟增長模式，經上受衝擊程度甚至高於歐美諸國。二〇〇八年第四季度，日本經濟跌幅達 12% 以上，是美國的兩倍，歐盟的一倍。

二〇〇九年一季度，據日本官方發表的修訂後的數據，經濟跌幅高達 14.2%，高居發達經濟體之首。作為亞洲唯一的發達國家、世界第二大經濟體的日本況且如此，其他小經濟體更為悲慘。中國與印度作為「金磚四國」的成員，儘管經濟增速同比下降，但與美歐日相比，在國際經濟中仍算得上此數不多的亮點。在各國經濟呈現負增長的不利環境下，中國二〇〇九年取到由 8.7% 的增長，為世界經濟復甦，盡快走出低谷帶來了一絲希望。中國儼然成了世界經濟的引擎。

與歐盟和北美相比，作為世界經濟三大板塊中一部分的亞洲，特別是東北亞和東南亞各國地抵禦經濟、金融危機的能力不足，顯然有其特有的背景和原因。

從經濟發展模式分析，出口導向基本上是本地的各國的主要模式。無論是中國、日本、韓國還是新加坡、泰國、馬來西亞、印尼，這種特徵決定著經不起國際市場的動盪。日本從二十世紀八〇年代就謀求轉型，倡導擴大內需。二十多年過去了，內外失衡狀況依舊，因此，與美國、歐盟相比，日本經濟有著天然的弱點。

讓我們分析一下地區互助的制度性設計。無論是歐盟（EU）還是北美自由貿易區（NAFTA）都有地區合作資助的制度。EU無疑是走在最前列，二十七國組成了一個聯合體，形成共同的市

場，統一的貨幣。美加墨北美經濟共同體（NAFTA）也形成共同市場。EU 和 NAFTA 地區內的市場直接拉動了地區內的需求，但亞洲的地區一體化明顯落後於 EU 和 NAFTA，這種滯後有種種原因，經濟水平發展差距，文化、歷史、政治、宗教等綜合因素，都阻礙著亞洲合作的進程。

與上述地區合作相關的是，無論是 NAFTA 和 EU，由於共同市場的形成，無疑有助於減輕外部市場萎縮對區域內國家經濟造成的影響。亞洲地區內部貿易比例遠遠低於 EU 和 NAFTA，對世界市場依賴度高，即使在東亞、東南亞區域，落後的基礎設施，導致地區內交通不暢，直接阻礙商品等生產要素的流動。中國和日本已經認識到這一瓶頸，分別提出了投資東南亞基礎設施的計劃。

面對全球化和區域一體化，亞洲如何選擇，將決定亞洲的命運。從現實來看，單個經濟體，特別是小的經濟體無法承受、阻擊全球性的危機衝擊。加速區域合作已成為亞洲各國領導人的共識。亞洲需要從危機中尋找出路。

亞洲合作就現階段而言，一是可以增強各經濟體抵禦全球金融和經濟危機的能力；二是擴大區域內市場的容量，增加區域內的內需，抱團取暖，減輕美歐市場萎縮造成的需求不足；三是加強區域內的產業分工合作，避免同業過度競爭；四是在亞洲形成雁型發展模式，以中日為頭，牽引洲亞洲的區域合作。東盟引領的作用已經到了極限。美國牽引北美的區域合作，歐盟法德統領歐洲的大合作。因此，作為世界第二、第三經濟大國 的中日領導亞洲合作是現實選擇。

▶ 來自博鰲的聲音

博鰲論壇的發起者把「亞洲尋求共贏」作為長遠的主題，預示著追求亞洲國家與地區合作意識的抬頭。本地區一些有遠見的政治家包括菲律賓前總統拉莫斯、澳大利亞前總理霍克及日本前首相細川護熙等共同發起的博鰲論壇，於二○○一年二月，在中國的海南省的博鰲小鎮正式宣告成立。中國政府當然是主推手。二○○二年起，每年在博鰲舉行年會。

作為一個非官方的論壇，但論壇實質上具有強烈的官方色彩，其宗旨是促進亞洲地區的合作與發展。一九九七年亞洲金融危機後，加強亞洲合作的迫切性成為本地區各國的共識。時任中國國家主席的江澤民倡議成立了這一論壇，而每年都有來自亞洲和亞洲以外的國家現任領導人前來出席。事實上，一九九七年亞洲金融風暴後，亞洲、特別是亞國的家間的合作明顯提速。

很顯然，中國政府主動發起這一旨在促進亞洲合作的重大步驟，反映出積極引導亞洲特別是東北亞與東南亞合作的意圖。促使中國政府走上前臺的原因是，以 EU 和 NAFTA 為代表的歐洲和北美經濟一體化的實質進展，對亞洲經濟構成的現實威脅。感受到這種威脅的不僅僅是正在崛起的中國，東盟、日本、韓國以及另一個亞洲大國印度與中國感受相同。

二十一世紀是亞洲的世紀，這個美麗的論斷從西方世界傳出，國際輿論也不斷煽呼，讓亞洲民眾感覺良好。但新世紀來臨前夕的一九九七年，亞洲金融風暴橫掃東南亞各國甚至日本、韓國，給亞洲國家上了一課。當事各國清醒了不少。嚴峻的事質

是，亞洲單個經濟體遠遠抵擋不住經濟和金融危機的衝擊。歐元區的產生更加加劇了亞洲的憂慮。一個更具競爭力的歐盟海的出現和北美一體化，對亞洲構成了巨大的威脅。「新世紀、新挑戰、新亞洲──亞洲經濟合作與發展」，自然成為首屆博鰲論壇的主題。

亞洲的合作基本上屬於「危機促進型」。一九九七年，亞洲金融危機加快了亞洲各國間的投資貿易自由化的合作進程。十年後的二〇〇七年博鰲論壇中，加強亞洲區域融危合作成為主基調。過往的每年論壇的內容基本限於洲地區域作與事務，但二〇〇九年的論壇課題，既有亞洲合作，更引人矚目的是提出國際貨幣體系改革等涉及全球性的問題。

「維護發展中國的權益，維護亞洲國家的權益」，在金融危機肆虐中，這種聲音越來越受到重視。二〇〇九年的博鰲論壇傳出與往屆不同的聲音。會前，論壇秘書長、中國前外經貿部長、中國「入世」談判首席代表龍永圖高調強調，「現在是聽聽亞洲聲音、聽聽中國聲音、聽聽新興經濟體聲音的時候了」讓誰聽？顯然是讓目前主導國際經濟秩序的發達國家、特別是美國聽。

全球性的危機，既讓亞洲各國認識到加強區域合作的重要，又讓各國對改革現存的國際金融體系的緊迫性有了切實的感受。

在龍永圖這番強硬呼籲的背後，無疑是華爾街引發的全球金融危機後對各國、特別是對發展中國家經濟社會造成嚴重衝擊，致使全球經濟陷入百年一遇的大衰退引發的不滿。也是對美元一幣獨大，美國的風險轉嫁給全世界的不滿。

發展中國家主張對現有的國際經濟秩序、國際貨幣體系、國

際貨幣基金組織（IMF）、世界銀行等進行改革。IMF 歷次危機中對接受援助國家的苛刻要求，事後證明加劇受援國的危機。無論是東南亞諸國（印尼、泰國）還是韓國、阿根廷、墨西哥，都對 IMF 的救援附帶條件強烈不滿。而 IMF 又受制於美國。按慣例，IMF 總裁由歐洲人擔任，世界銀行行長由美國人擔任，在 IMF 中美國擁有一票否決權。

改革國際貨幣體系，加強亞洲區域金融合作，成為二〇〇九年博鰲論壇的主調。改革國際貨幣體系，改變美元獨大的局面，是金融危機後中國政府明確提出的主張。

中國擁有超過 2 萬億美元的外匯儲備，購買了近 8000 億美元的美國國債，而中國持有包括美國國債、機構債、企業債、股票及短期存款在內的美元資產達 1.7 萬億美元，占中國官方外匯儲備的 88%。以美元資產縮水 10% 計算，中方損失多達 1700 億美元（美國外交關係協會經濟學家布拉德・賽澤爾的估計）。

在二〇〇九年 G20 倫敦峰會前夕，中國央行行長周小川提出創設一種與主權國家脫鉤，並能保持幣值長期穩定的國際儲備貨幣。一石激起千層浪，引發了世界各國、國際融合組織重新審視現行國際貨幣體繫的弊端。儘管倫郭峰會沒有把此議題列入議程，但中國國家主席胡錦濤在峰會上提出，改進 IMF 和世界銀行治理結構，提高發展中國家代表性和發言權，完善國際貨幣萬事通繫，健全儲備貨幣發行調控機制，保持主要貨幣匯率相對穩定，促進國際貨幣體系多元化、合理化等主張，直接反映到了會義的成果中。在會議發表的公告中，關於金融改革提出，「增加新興市場和發展中國家在國際貨幣基金組織和世界銀行中的發言

權」。

　　在二〇〇九年博鰲論壇上，亞洲外匯儲備基金再次提上會議議程。二〇〇〇年五月，在泰國清邁舉行的東盟與中日韓（10＋3）財長會議通過了「清邁倡議」，決定建立基於雙邊貨幣互換協議的區域救助機制。二〇〇七年五月，東盟與中日韓（10＋3）財長會議決定選擇自我管理的區域外匯儲備庫作為「清邁倡議」的具體形式。二〇〇九年二月十二日，東盟與中日韓（10＋3）特別財長會議決定將籌建中的區域外匯儲備基金規模進一步從800億美元增加到1200億美元。溫家寶總理在博鰲年會上的主旨發言中提出，「儘早達成共識，建成區域外匯儲備庫，增強本地區抵禦金融風險能力」。顯然國際金融危機給亞洲國家帶來的經濟風險，加快了區域內的金融合作，以應對危機，走出經濟衰退。亞洲區域外匯儲備基金的建立，將大大增強亞洲國家抵禦金融風險的能力，減少了對美元的依賴，保證各國外匯儲備的安全，同時也為下一步改革國際貨幣體系創造了條件。

　　更具有前瞻性的設想也在本次論壇上提出。中國國際經濟交流中心常務副理事長鄭新立建議，亞洲國家應以「清邁倡議」為基礎，探索以特別提款權作為亞洲儲備貨幣。未來全球貨幣體系應當形成以美元、歐元、人民幣三足鼎立的支撐架構。三種貨幣作為結算手段，供各國企業和政府選擇。引入特別提款權作為儲備貨幣，達到增強亞洲國家抵禦金融風險的能力，保證各國外匯儲備安全，增強IMF管理下的擴大規模創造先行先試的試驗。

　　加強區域內合作，完善各國的基礎設施，進而促進經濟發展，擴大區域內需求，減輕對發達國家的出口依賴，也是二〇〇

九年博鰲論壇的主題之一。論壇理事長拉莫斯提出，在亞洲，危機令推進地區經濟整合，刺激在共同領域的協作，比如水資源、能源、環境和食品安全領域。鄭新立指出，亞洲國家聯合成立兩個股分制商業銀行，亞洲基礎設施投資銀行和亞洲農業投資銀行，專門用於支援亞洲國家基礎設施建設和農業資源的開發。世界各國的經濟發展實踐證明，基礎設施落後直接制約經濟的發展，它阻礙各種生產要素的流動。通過基礎設施投資和對農業的開發，有效地促進城市化和工業化的進程，直接刺激區域內的需求，擴大區域內的市場，走上一條以亞洲的因素拉動本地區經濟發展的健康發展軌道。在亞洲，中國和日本作為世界外滙儲備的第一和第二的國家，完全有能力去支撐這一金融的需求，形成亞洲自我發展的機制。溫家寶總理在論壇上表明了中國政府的立場，中國決定設立總規模為 100 億美元的「中國——東盟投資合作基金」支持區域基礎設施建設。

二〇〇九年博鰲論壇傳出的強化亞洲金融合作的聲音，實際上是亞洲國家經歷一九九七年和二〇〇七年兩次金融危機之後得出的必然結果。在前後兩次時隔十年的金融危機中，亞洲受衝擊程度大於美歐兩個區域，日本經濟受打擊程度甚於美歐諸國。亞洲的脆弱，根源在於區域合作基礎薄弱，尚未形成合力應對危機的機制和制度安排。

對於中國來講，應該通過推動亞洲區域的金融合作，加強區域合作中的主導地位，加速人民幣的地區化及國際化進程，通過區域內經濟合作，擴大區域內的內需（亞洲區域內貿易占其國際貿易的 49%，而歐洲區內貿易占其國際貿易的 70% 以上），為進

步推動外國貨幣體系改革創造條件。

　　二〇〇九年博鰲論壇傳出的聲音，中國理應在亞洲合作中發揮主導作用，顯現大國責任引領亞洲，改革世界。

▶ 「清邁倡議」與亞洲外匯儲備庫的建立

　　世界性的危機逼迫亞洲的合作，無論是一九九七年的亞洲金融危機，還是二〇〇八年的全球金融危機都給亞洲地區提供了經濟、金融合作的契機。這幾乎成了一種定律，成了亞洲合作的一個特有的現象。亞洲合作中的特殊現象是由其特定的歷史、經濟、文化、宗教、民族等因素所決定的。

　　亞洲金融合作一波三折。早在一九九七年亞洲金融危機爆發後，各國已經對單個國家難以承受國際金融風波衝擊有了切膚之痛的感受，而當時日本提出的「亞洲貨幣基金組織」的構想，由於遭受美國和 IMF 的反對，以及中國政府的消極態度而胎死腹中。美國顯然對日本的提議抱有戒心。美國始終把自己置於主導亞洲的地位，不願看到有任何勢力即使是其鐵桿同盟的日本想擴大在亞洲的影響力，更擔心日本主導「亞洲貨幣基金組織」，將導致美國在亞洲主導地位遭受削弱，因而對日本的提議加以後對。而日本作為受保護的一方，也不敢冒得罪老大貿然行事。而 IMF 也擔心影響力下降而加以反對，導致日本的提案流產。

　　儘管日本的亞洲版「MF」遭遇挫折，但一九九七年的金融危機讓亞洲各國產生的危機意識推動本地區金融合作的實質進展。一九九八年十月，日本當時的首相宮澤喜一又提出設立總額

為 300 億美元的亞洲基金，但這筆資金不足以讓東南亞各國度過金融危機，而日本危機過程中採取日元貶值的政策，更加削弱了其在亞洲合經濟中的領導地位。

二〇〇〇年五月，東盟與中日韓（10＋3）財長會議通過了以雙邊貨幣互換為主要內容的「清邁倡議」，旨在解決本區域短期流動性困難，彌補現有國際金融安排的不足。二〇〇二年六月，東亞及太平洋中央銀行行長會議組織（EMEAP）亞洲債券基金的概念；二〇〇三年基金正式啟動。在二〇〇三年十月第七次東盟與中日本韓（10＋3）領導人會議上提出「清邁倡議」多邊化的建議得到與會領導人的支持。

「清邁倡議」和亞洲債券基金在東亞金融合作中無疑可定位為標誌的事件。既是國際大環境壓力所迫，同時也是亞洲經濟內部貿易、投資自由化程度提高，加快經濟體化要求的必行反映。二〇〇六年五月，東盟與中日韓（10＋3）財長會議決定成立清邁倡議工作組，研究多邊化的形式和內容。一年後，東盟與中日韓（10＋3）財長會議決定選擇自我管理的區域外匯儲備庫作為清邁倡議多邊化的具體形式。

二〇〇九年二月，東盟與中日韓（10＋3）特別財長會議在泰國普吉舉行，通過了《亞洲經濟金融穩定行動計劃》，決定擴大籌建中的區域外滙儲備庫的資金規模，從 800 億美元增加到 1200 億美元。同時，設立區域內經濟、匯率、金融監督一體化的獨立機構，今後將共同協商決定救援計劃。設立區域外匯儲備庫和建立獨立的地共經濟監管機構，幾乎形成了亞洲版的「貨幣基金組織」。對於亞洲金融合作而言，這可謂是一個重大突破。

實現這一突破的背景是，國際金融危機愈演愈烈，亞洲各國面臨出口不振，經濟加速劇降，投資減少，失業率大幅上升的嚴峻形勢。金融危機對亞洲經濟造成破壞性的衝擊。日本作為亞洲唯一一個發達經濟體，遭受的經濟打擊甚於歐美。新加坡的經濟衰退程度也比東盟其他國家嚴重。亞洲各國政府清楚地認識到，只有通過地區的合作，才能走出困境。

二〇〇九年五月三日，韓東盟十國與中日韓三國財長在印度尼西亞峇里島發表聯合公報，宣布東盟與中日韓（10＋3）財長就外滙儲備庫的出資額、借款方式和監督機制等所有要素達成共識，並同意儘快設立獨立的區域監督機構，以監控和分析區域經濟動向並支持區域外的儲備庫決策。根據東盟與中日韓（10＋3）財長會議達成的協議，1200 億美元的外滙儲備庫，中日韓占80%（中日各為 32%，韓國為 16%），其餘 20%由東盟提供。中國出資（含香港）384 億美元，日本出資 384 億美元，韓國出資192 億美元，東盟十國出資 230 億美元。

建立區域外匯儲備庫有兩個核心目標，一是解決區域內的短期資金流動困難；二是作為現有國際金融機構的補充。一九九七年亞洲金融危機過程中，美國和 IMF 的施援時不顧當事國的具體情況而提出條件苛刻的援助計劃，也給了亞洲各國深刻的教訓。亞洲國家在金融方面的合作已經從制度設計轉入實際操作的階段，亞洲融機合作十年磨一劍，終於實現了質的跨越。

在亞洲危機的壓迫下，亞洲區域金融合作取得了重大進展，但未來的發展還面臨複雜的前景。從本次東盟與中日韓（10＋3）財長會議未就建清獨立的立域經濟監督機構達成一致，就清楚地

反映了這一點。會後聲明只是提到，盡快建立獨立監理機構，同意先建立一個由專家組成的建議小組，與亞洲開發銀行和東盟秘書處緊密合作，以加強目前的監管機制，奠定「清邁倡議」下外匯儲備基金的監管基礎。從中可以看出，亞洲各國仍彼此抱有戒心。在危機過後，這種由危機帶來的威脅而促成的金融合作又將面臨步履蹣跚的情形。

二〇〇九年底，1200 億美元的區域外匯儲備庫的建立，不僅增強了本地區抵禦金融風險的能力，必要時給予成員國資金支持更重要的是為今後東亞區域的金融一體化開啟大門。東亞地區如想維持經濟的穩定發展，大的努力方向應該是經濟金融一體化發展，先建立東亞貨幣基金，進而創設亞洲貨幣單位。

中日對東亞經濟金融一體化各有各的想法，都想取得主動權。在 1200 億美元的區域外匯儲備庫出資比例中中日各占 34%。中國總理溫家寶在二〇〇九年四月的博鰲論壇上提出中國與亞洲合作的五點建議提及加強財金合作，加快「清邁倡議」多邊化進程。儘早達成共識，建成區域外滙儲備庫，增強本地區抵禦金融風險能力。推進亞洲債券市場建設，更好地利用區內資合，促進亞洲發展。同時，溫總理宣布中國決定設立總規模為 100 億美元的「中國——東盟投資基金」，支持區域基礎設施建設。「中國——東盟投資合作基金」與亞洲開發銀行部分職能類似。亞行是日本主導的多邊開發銀行，而前者也將能夠加強中國在亞洲的金融影響。

按照目前亞洲開發銀行的股本比例，日本為第一大股東，美國居次。在六十七個成員國中，歐美占十七個。日本擁有 13%

的投票權，美國 12%，中國、印度分別居第三、第四。其實人們更多地把亞開行看作是控制在日本手裡的銀行。

　　無獨有偶，日本也開始關注亞洲的基礎設施投資，以期拉動「亞洲內需」。二〇〇九年四月九日，時任日本首相麻生太郎提出「亞洲經濟倍增計劃」麻生在國會演講中聲稱，要推動亞洲區域內的廣泛基礎設施建設，加快人員、物品、信息的流通。在日本開發亞洲的具體計劃中，提出將向發展中國家投入 200 億美元規模的政府開發援助以及 200 億美元的貿易保險預算，以規避、分擔日本企業和民間資合的投資風險，促進區域基礎建設。中日同時提出類似的亞洲開發計劃用意耐人尋味。

▶ 歐盟合作給亞洲的啟示

民族國家間合作的新模式——歐盟

　　二〇一〇年一月一日，隨著「歐盟總統」和「歐盟外長」的誕生，標誌著歐盟合作邁入一個新時代。

　　二〇〇七年十二月，歐盟領導人正式簽署的《里斯本條約》，規定設置歐洲理事會常任主席和歐盟外交與安全政策高級代表。二〇一〇年一月一日，比利時首相范龍佩成為首位歐洲理事會常任主席；來自英國的歐盟貿易委員阿什頓當選歐盟外交與安全政策高級代表。歐盟領導人稱，由此，「歐洲在世界發出的聲音將更加響亮」。

　　「Together Since 1957」（從 1957 年走到一起）。二〇〇七年

三月二十五日歐盟（European Union）成立五十年，二十七個成員國首都同時奏響歐盟盟曲《歡樂頌》，慶祝這一偉大的日子。五十年前，歐洲的政治家們（法德牽頭）開始探索歐盟和平發展之路。經歷半個世紀的風雨，從煤鋼共同體、歐盟和經濟共同體、和歐原子能共同體到合併上述三個組織而成的歐洲共同體。進而，一九九三年《馬斯特赫條約》生效，成立了歐洲聯盟。二〇〇二年一月一日，歐元流通，歐洲一體化進入到了一個前所未有的新階段。歐盟經過六次擴大，已擁有二十七個成員國、4.8億人口，超過 12 萬億美元經濟總量，成為世界版圖（政治、經濟）中的重要一極。

歐盟地域的擴展為經濟發展創造了更廣泛的空間，強化了其在世界經濟版圖中的作用與地位；歐盟共同外交與安全政策，突出了其在世界政治領域中的聲音和影響力。

歐盟五十年的實踐，探索了人類歷史上國與國之間讓渡部分國家主權，由超國家機構協調地區共同發展的一種全新的模式。在促進區域經濟發展、保持地區穩定、消除戰爭威脅，增強地區競爭力和提高國際地位等方面，都給世界提供了重要的啟示。

歐盟的合作領域在不斷地擴大，入盟的成員在持續地增加，歐盟的一體化程度從經濟、政治、外交到移民、法律、環境、食品標準等眾多導域，日益升代。儘管一體化的進程不時遭遇挫折，但大方向始終朝前。近代歐洲史充滿戰爭與血腥。迄今為止，人類歷史上兩次世界大戰發源地都在歐洲巴爾幹地區。衝突、戰爭給歐洲帶來了巨大的災難，給民眾、給經濟、給文化造成不可彌補的損失。消除戰爭，也許是促進歐洲合作的最關鍵因

素。

政治家的遠見卓識與決斷推動歐洲航母啟航。在世界近代史上，法蘭西民族在人文思想方面提出人權、民主等普世價值觀。儘管其經常以民主、人權維護者的姿態做一些自以為是的事情，如對中國西藏事務說三道四，巴黎市策府給政治流亡者達賴授勳等，讓中國人感到討厭。但我們也不能否認法國政治家提出法德合作的偉大設想，對歐洲的和平與繁榮、對人類探索地區合作，消除戰爭，維持和平所發揮的創造性作用。

羅伯特·舒曼時任法國外長恐怕做夢也想不到他於一九五〇年五月九日提出的建立「歐洲煤鋼共同體」設想，竟然能成為歐洲合作的奠基石。二戰後，歐洲滿目瘡痍，作為二戰主戰場的歐洲，在美國馬歇爾計劃的幫助下，經濟恢復迅速。在戰爭結束五年後，法國提出「歐洲煤鋼共同體」為聯邦德國、義大利、荷蘭、比利時和盧森堡所接受。一九五一年四月十八日，法國和上述五國共同在巴黎簽署了《歐洲煤鋼共同體條約》。條約於次年正式生效，歐洲合作邁出決定性一步。其意義在於，條約規定把相關政策的制定權讓渡給超國家的機構。這一點為以後歐盟在政治、經濟、安全、外交等領域的一體化開創了道路。同時，從法德兩國間的合作，擴大到六國，並對其他歐洲國家加入持開放的態度。一九五二年，法國與德國兩個幾百年為敵的對手握手言和，將煤和鋼鐵兩種戰爭資源交給「煤鋼共時體」統一管理，進而又歡迎其他歐洲國家參與其中。

歐洲合作沒有止步於煤鋼共同體。一九五七年三月二十五日，參加煤鋼共同體六國在羅馬簽署了《羅馬條約》，提出歐洲

經濟共時合目標是建立關稅時盟建立實現人員、服務盧資本自由流動合同體市場。這一歐洲合作的遠期目標，被視為「歐盟的出生紙」。一九六五年四月八日，六國決定將歐洲煤鋼共同體、歐洲原子能共同與歐洲經濟共同體合並，成為歐洲共同體。

歐共體轉向歐盟這一歷史時刻，於一九九三年十一月一日《馬斯特里赫特條約》（簡稱《馬約》）正式生效時到來了。歐共體經過三十年發展建立了關稅同盟和共同外貿政策，實行了共同農業和漁業政策，建立了總預算，創立了歐洲貨幣體系。

為了進一步提高歐共體的合作水平，消除內部各種壁壘，真正建立統一步提市場，一九九一年十二月十一日，歐共體馬斯里特首腦會議通過了《歐洲聯盟條約》。一九九三年十一月一日，《馬約》正式生效後，歐共體更名為歐盟。條約在一貫重視經濟一體化的同時，增加了共同外交與安全政策以及加強內政司法領域中政府問合作等內容，確立了歐盟合作的三大支柱，以經貨聯盟主核心的歐共體，共同外交與安全政策，內政司法合作。由此，歐盟的合作上到新的水平，確定了實質的飛躍。《馬約》將共同外交與安全政策列為三大支柱之一，確定了具體的五項目標：保衛聯盟的共同價值、基本利益與獨立；以各種方式增強聯盟及其他成員國的安全；維護和平與加強國際安全；促進國際合作；發展與鞏固民主與法制，尊重人權與基本自由。

從歐共體到歐盟的演變過程中，由於集團所帶來的經濟上實際成果以及地緣政治的影響力的上升，不斷地吸引新的成員加入，區域範圍從西歐逐步擴展到中東歐地區。歐共體（歐盟）經歷了六次擴大，並仍有候選國在等待入盟，說明了歐盟吸引力的

增強。當然，歐盟的東擴也帶來了與俄羅斯的對立，歐盟的東擴實際上是在不斷蠶食俄羅斯的傳統勢力範圍，加之一些新入盟的中東歐國家與俄羅斯雙邊關係存在矛盾，如何處理好與傳統強國俄羅斯的關係，也是歐盟在東擴過程中必須正視的重大問題，從地緣政治角度，美國對咄咄逼人的歐盟的擴大，也不無擔心。

目前，歐盟擴大進程仍在繼續。二〇〇五年十月，歐盟啟動與土耳其和克羅地亞的入盟談判。同年十二月，馬其頓被歐盟接納為入盟候選國。二〇〇六年六月，阿爾巴尼亞與歐盟簽署了《穩定與聯繫協議》，邁出了加入歐盟的第一步。目前，歐盟二十七個成員國的總人口已超過 4.8 億，國民生產總值達 12 萬億美元。歐盟已成為全球一體化程度最高的國家聯合體。

二〇〇二年一月一日，歐元正式進入流通領域，成為歐洲一體化一個重要的轉折點，歐元成為統一貨幣。歐盟成立，成員不斷增加，區域經濟面積的擴大為經濟發展提供了空間和活動。歐盟經濟總量從一九九三年的 6.7 萬億美元，二〇〇二年的 10 萬億美元，增加到目前的 12 萬億美元，在十六年時間裡經濟總量幾乎翻了一倍。歐盟在一九九九年啟動了歐元，二〇〇二年正式流通，為歐盟經濟一體化提供了催化劑。

二〇〇九年，歐元面世十年。回顧過去十年，歐元不僅在促進歐盟經濟成長方面發揮了積極性作用，而且在國際金融體系中成為僅次於美元的主要貨幣的地位。

歐元開始是通過帳面和電子貨幣形式出現在金融市場。二〇〇二年一月一日起，歐元的紙幣和硬幣成為歐元區各國的共同貨幣。二〇〇九年一月一日在歐元誕生十週年的日子，斯洛伐克

成為歐元區的第十六個成員國。經過二○○九年以來的全球金融危機的衝擊，連原來反對歐洲統一貨幣和瑞典和丹麥也開始改變態度，而一直以英鎊為榮的大英帝國也對歐元持開放的態度。英國商務大臣曼德爾森認為，英國政府保持加入歐元這個長期目標是正確的，需要考慮的只是時機問題。

在過去十年時間裡，歐元作為歐元區的單一貨幣後，為促進歐元區經濟增長和歐盟一體化進程，發揮了不可忽視的作用。

歐元的作用是顯而易見的。第一，歐元區內的單一貨幣規避了匯率波動的風險，節省貨幣兌換和結算的成本，方便和擴大歐元區內的區內貿易。在過去十年間，歐元區內的貿易額占 GDP 的比例從 25%上升到 33%左右。第二，有利於保持物價穩定，防止通貨膨脹。一九九九至二○○八年，歐元區國家的年均通脹率為 2.2%，低於美國同期 2.7%的水平。第三，歐元作為統一貨幣的出現並使用，大大增強了歐盟一體化的意識，加速歐元區和歐盟成員國經濟與社會的趨同，形成歐盟共同意識。第四，就是面對全球金融危機，歐元作為單一貨幣有效地保護了歐洲經濟的基本穩定。在此次國際金融危機中，歐元有效地保護了在歐盟中經濟實力相對較弱的成員國，通過單一貨幣「聯盟」作用，減輕了外匯儲備的壓力，使部分成員國避免了類似匈牙利和冰島貨幣大幅貶值的衝擊。

歐盟從單獨領域的合作，走向經濟、政治、外交、共同防務全面合作；從低層次的工業項目起逐步實現共同經濟政策，共同關稅、統一市場以及歐元區統一的貨幣的高層次的合作。歐盟的合作區域從西歐擴展到東歐幾乎覆蓋全歐洲，歐盟從一個經濟組

織逐步擴展成為政治組織、軍事組織、組成超國家主權的機構等等，這些為人類歷史、為主權國家之間和平共處、繁榮發展、為避免戰爭探索了一條成功的道路，歐盟的合作成為全球區域合作的最高層次，為亞洲的合作提供了模型和經驗。

當然，我們看到歐盟五十年成就的同時，也應看到歐盟發展過程中曾經遇到的各種挫折和困難。《歐盟憲法條約》遭遇法國、荷蘭民眾否決說明了歐洲民眾對歐洲一體化心存疑慮；由於歐盟東擴過快，成員國經濟水平。相差甚遠，出現政策難以協調的局面；在共同外交與安全領域，由於各國出發點不同，難以「用一個聲音說話」。歐發東擴而引發的與俄羅斯的矛盾等。歐盟在地域上不斷擴大，在合作層次不斷提升的過程中，會碰到各種各樣的問題，但超過五十年的和平與繁榮的局面，值得尚處於區域合作初級階段的亞洲從中吸取其成功的經驗。

歐盟成功軌跡給亞洲的啟示

歐盟成功最重要的原因在於大國的合作與牽引。這一點，恰恰是亞洲的最大弱項。法國和德國從一八七○年的普法戰爭到一九四五年二戰結束，打了三次大仗，你死我活，你爭我奪，給歐洲和世界帶來深重的戰禍與災難。直到二戰結束，法德兩國政治家才感悟到攜手合作的重要性。戰爭可以解決一時的問題，但解決不了長遠的問題。通過合作把雙方的利益交錯在一起，就可避免劇烈對抗，避免採取極端的手段。

半個多世紀以來，歐共體、歐發的展過進程中，法國兩國作為區域合作的核心國家，為歐盟的成長發揮了不可或缺的作用。

法德間，不得不提到的是民族和解。德國政治家勇於反省，讓整個民族都對過去的侵略戰爭歷史有清醒的認識，實行徹底的歷史教育與反省。勃蘭特在波蘭真誠下跪的懺悔讓世人認識到這個民族的偉大，勇於認錯，正確對待歷史。讓國家、讓民族以史為鑑。這也是法德和解的大前提。

作為亞洲大國的中國和日本與法德有許多的相似之處。中日作為同處東亞的近鄰，兩千多年的交往史，日本一直向中國學習，兩國文化交流源遠流長，日本的古都京都是模仿當時唐代長安而建成的。明治維新後，昔日的學生超越老師，實行長期的對外武力擴張的政策，對中國等鄰近國家在長達半個世界時間裡不斷地實行侵略和奴役。

二戰、日本的侵華戰爭以失敗而告終。一九四五年八月十六日，日本昭和天皇宣布日本投降。當時的蔣介石政府對日本「以德報怨」宣布放棄對日戰爭賠款。一九七二年中華人民共和國政府與日本國恢復邦交時，中國政府為了表示對日本人民的友好，也放棄了對日戰爭賠償。但事與願違，日本政府並未對歷史作徹底清算，從歷史教科書到靖國神社，再到勞工、慰安婦的賠償，日本政府口頭上對過去的略戰爭表示反省，但實際上政治右翼勢力始終沒有徹底與侵略略歷史作劃斷，這種局面與美國戰後對日政策當然有極大的關係。

總之，歐盟合作給亞洲的第一個也是最重要的啟示是，亞洲大國特別中日兩國政治家如何克服意識形態的對立，運用政治智慧來解決歷史遺留問題。只有越過這個屏障，亞洲區域合作才能真正由慢車變成快車，才能實現大國的牽引，發揮大國的核心作

用。

　　國與國之間的合作，彼此間存在不同的訴求，追求不同的利益目標，因為每個國家處於不同的經濟發展水平。歐盟合作五十多年，雖然發展到今天，成了全球區域合作水平最高的地區。過去半個多世紀的合作過程上充滿矛盾與危機，但彼此的「妥協」，與利益平衡成為解決問題的鑰匙。這種「妥協」的精神是亞洲應該吸取的第二項啟示。與歐盟相比，亞洲的情況更加錯綜複雜，既有世界性大國，也有新加坡這樣的城市國家；既有已進入發展國家的日本，也有仍處於不發達的斯里蘭卡。不同的宗教、民族、文化、歷史背景在推動作作中，不僅需要彼此侵妥協，更需要包容精神。

　　較之歐盟，亞洲合作征途漫漫。亞洲從歐盟合作中得到的第三點啟示是，必須先易後難，先單項後綜合，先經濟後政治，亞洲合作需要耐心和時間。讓我們感到欣慰的是，儘管處於落後，亞洲合作依然在積極的推進。

　　在亞洲，由於大國在合作中的缺位，這裡主要是指大國，特別是中日沒有起到區域合作的核心和引領作用，東盟十國的核心作用得以體現。東盟與中日韓（10＋3）、東盟（10＋1）（分別與中日韓）、東盟 10＋6（東亞峰會），東盟與印度等合作機制呈現積極進展。與歐盟相比亞洲分作處於初級階段，顯得雜亂，如自由貿易區的談判，東盟與中日韓分別在推進，對東盟基礎設施建設投資，中韓兩國各自有計劃。大國的合力，區域合作的合力尚未形成。當然，亞洲區域外匯儲備庫的建立，讓我們看到危機後，區域內各國建立制度性互助機制所顯示出的合力。

　　歐盟合作給亞洲合作另一個重要啟示是如何形成區域的共同意識。歐盟在長期擴大合作過程中所逐步形成的「歐盟意識」，成員國民眾對歐盟的向心力的形成，對合作的深化和克服各種障礙無疑是有益的。亞洲意識的形成對推動亞洲區域合作也是必不可少的。而形成亞洲意識的重要性在於有助於縮小由於不同歷史、文化、宗教、民族所帶來的不利於合作的消極因素。因此，如何形成亞洲意識，是對於參加亞洲合作的各國政府必須思考的課題。

▶ 北美自由貿易區中的大國作用

美國主導北美自貿區

　　北美自由貿易域（NAFTA）的區域合作，與歐盟（EU）的共同市場、共同關稅、共同經濟政策、防衛政策、外交政策和統一貨幣（歐元區）相比，水平有待提高。但較之已有五十年歷史的歐洲合作，NAFTA 有著獨特的區域合作的性質。

　　NAFTA 與歐盟相比，有兩個明顯的特徵：一是在 NAFTA 中美國起核心作用；二是發達國家與發展中國家之間組成自由貿易區的首次嘗試。NAFTA 由美國首先倡議，由美國主導。美國的這種地位是由其經濟實力和發展水平的確定的。在美加墨三國中，美國在第一世界，加拿大屬第二世界，墨西哥為第三世界，有著南北合作的特徵。在 NAFTA 區域中，美國占 90%的經濟實力，70%的人口；加拿大 8%的經濟實力和 7%的人口；墨西哥

占 26%的人口，而經濟實力則不到 2%。美國由於在經濟、科技、市場、金融等方面的絕對優勢，藉助技術轉讓、開放市場、直接投資等條款，在區域合作中擁有核心主導權。當然，得到好處的並非美國一家。實踐證明，這種南北合作型的區域合作，對區域內各國帶來的是多贏的結果。

二十世紀八〇年代初，美國里根總統在競選時提出組建北美自由貿易區的設想，但遭到加拿大和墨西哥反對。一九八五年美加兩國開始著手談判。經過四年的談判，兩國於一九八九年簽署了《美加自由貿易協定》。對此，處於經濟發展水平落後的墨西哥擔心在北美經濟合作中被邊緣化。於是，從一九九〇年起，墨西哥與美開展談判。，加拿大政府隨後加入。一九九一年二月五日，三國領導人宣布就三邊自由貿易協定進行談判。一九九二年八月十二日，美加墨三國正式簽署《北美自由貿易協定》(NAFTA: North America Free trade Agreement)，協定於一九九四年一月一日正式生效。

一九九三年，三國又就環保、勞動就業等事項達成了協定。NAFTA 協定的宗旨在於，取消彼此的貿易壁壘、創造公平條件、增加投資機會、保護知識產權、建立執行定協定和解決爭端的有效機制，促進三邊和多邊合作。NAFTA 的目標是，在十五年內三國應逐步消除相互間貿易壁壘，實現商品和勞務自由流通，從而形成一個世界上最大的自由貿易集團。一九九四年三國 GDP 總值約 6 萬億美元，3.6 億區域人口。

NAFTA 的模式是發達國家與發展中國家，北美國家間合作的一種嘗試。由於三國的經濟結構、經濟發展水平的錯位，形成

了經濟的互補關係，給三國帶來了巨大的經濟利益。美國、加拿大的優勢在於資金、技術和商品，與墨西哥的勞動力和市場相結合。從溢出效應看，墨西哥通過三國的合作，獲得較大的利益。利用美加資金、技術、調整產業結構，提高經濟發展水平，獲得更多的美加市場分額。而美國則通過直接投資、技術轉讓和對服務產業的滲透，擴大了對加墨的影響力。北美自由貿易區的建立充分地反映出美國的意圖。美國的用意不僅在於北美，其最終目標在於整個美洲的經濟一體化。

美加墨互惠多贏

　　NAFTA 的建立給北美帶來了巨大的經濟利益。根據國內學者的研究，認為在經濟利益方面，三國在三個方面取得宏觀利益。第一，規模經濟利益。NAFTA 作為世界上最大的自由貿易區，通過相互合作，擴大經濟規模，並從中獲得規模利益。根據 IMF 的數據，在 NAFTA 成立的頭十年，三國之間的貨物貿易額迅速增長，從一九九三年的 3060 億美元增長加二〇〇二年的 6210 億美元。區域內經濟合作的穩定性趨勢，大大促進了直接投資的增長。二〇〇〇年，NAFTA 三國之間的外國直接投資(FDI)增至 2992 億美元，這一數字是一九九三年 1369 億美元的兩倍多。第二，實現優勢互補。北美三國的經濟水平、產業結構、資源稟賦、勞動力成本等方面的差別，有助於優勢互補、創造出更多的專業化合作的機會，促進各國的經濟發展。如加、墨兩國的能源資源與美國互補，提高了兩國的能源生產能力。墨西哥低成本的人力資源與美國、加拿大技術資本互補，增強了美加

製造業競爭能力。讓美國實現產業升級，把勞動力密集型和缺乏競爭力的工作部門向墨西哥移轉。第三，改善了投資環境NAFTA 對行業慣例、服務貿易、投資規則爭議解決等作了詳細規定，從而增加了投資風險的可預測性，增強了區域內相互投資的信心。

NAFTA 的建立，對美國增言，從中獲得了五個方面的利益。

第一，擴大區域內的市場，增加對加墨的出口。第二，實現低級產業轉移，實現產業結構的快速提升。第三，增加了就業機會。第四，利用墨西哥的低成本勞動力，增強國際競爭力。第五，利用協解美國資本進入墨西哥的能源、金融、電訊和服貿作領域。

附：《北美自由貿易協定》的基本內容

針對三個成員國不同的經濟發展情況，《北美自由貿易協定》在以下幾個方面作了安排。

第一，在墨西哥占有勞動力優勢的紡織品和成衣方面，除了取消一部分產品的關稅外，對於墨西哥生產的符合原產地規則的紡織品和成衣，美、加取消其配額限制，並將關稅水平從 45%降到 20%。

第二，對於汽車產品，美、加逐步取消了對墨西哥生產的汽車徵收的關稅。其中輕型卡車的關稅從 25%c 減到 10%，並在五年內全部取消；對於重型卡車、公共汽車、拖拉機的關稅則在十年內取消。墨則將在十年內取消美、加汽車產品的關稅及非關稅

壁壘，其中對輕型卡車在五年內取消關稅。

第三，美、加分別取消其對墨農產品徵收的 61% 和 85% 的關稅；墨則取消對美、加農產品徵收的 36% 和 4% 的關稅。另外，墨擁有十到十五年的時間來逐步降低剩餘農產品的關稅，並有權通過基礎設施建設、技術援助以及科研來支持本國農業發展。

第四，在運輸業方面，三國間國際貨物運輸的開放有一個十年的轉換期。三年後，墨的卡車允許進入美邊境各州，七年後所有三國的國境對過境陸上運輸完全開放。

第五，在通訊業方面，三國的通訊企業可以不受任何歧視地進入通訊網絡和公共服務業，開展增值服務也無任何限制。

第六，在金融保險業方面，在協定實施的最初六年中，美、加銀行只能參與墨銀行 8% 和 15% 的業務分額；在第七到十五年間，如墨銀行市場中外國占有率超過 25%，墨由有權實行一些保護性措施；墨在美、加銀行市場中一開始就可以享受較為自由的待遇。協定還允許美、加的保險公司與墨的保險公司組成合資企業，其中外國企業的控股權可逐年增加，到二○○○年在墨的保險企業中外國企業的股分可達到 100%。

第七，在能源工業方面，墨保留其在石油和天然氣資源控開採、提煉及基礎石油化工業方面控壟斷權，但非石油化工業將向外國投資者開放。另外，協定同時規定對投資者給予國民待遇，對投資者不得規定諸如一定控出口比例、原產品限制、貿易收支、技術轉讓等限制條件。

作為補充，美、加、墨在一九九八年又就取消五百種關稅達成協議。該協議從一九九八年八月一日生效，並規定美國免稅進口墨西哥產的紡織品、成衣、鐘錶、帽子等，墨西哥則向美國的化工產品、鋼鐵製品、玩具等商品開放其市場。此協議實施後，使大約 93% 的墨西哥商品能享受到美國的免稅優惠，使大約 60% 的美國商品直接免稅進入墨西哥市場，形成了自由貿易區內比較自由的商品流通大格局。

墨西哥在北美自由貿易市場區三國中經濟水平落後，自然得美加經濟溢出的效益最大，加入 NAFTA 之後，墨西哥經濟增速得以提高，出口得到擴大，吸引了外國投資呈上升之勢，並通過引進技術，加速了產業結構的整體提升。

第一，區域內外國直接投資上升。由於墨西哥的勞動力成本只相當於美國的十分之一，廉價的成本吸引自大量的外國投資特別是美國的投資。一九九四至二〇〇八年，墨西哥年均吸取 120 億美元的外資。美加在墨西哥外資中的比重有所提高。從一九九三年到二〇〇一年，美墨 FDI 存量從 160 億美元增長到 640 億美元，增長了 288%，遠高於同期美國對非 NAFTA 成員國 FDI169% 的增速；從一九九〇年至二〇〇一年，墨西哥占美國 FDI 流出的比例從 2.2% 上升到 2.9%。同期占加拿大 FDI 流出的比例 0.2% 增長到 1%。

第二，擴大了對外貿易。墨西哥的出口額從一九九四年的 520 億美元增加到二〇〇五年的 1610 億美元，出口額占 GDP 的比例從 15% 增加到 30%。墨西哥在美對外貿易中所占比例從一九九四年的 9.0% 升至二〇〇五年的 13.5%。對出口額從一九九

四年 510.6 億美元擴大到二〇〇二年的 1430 億美元。

第三，促進了經濟增長。由一九九五年從金融危機恢復以後，墨西哥經濟增長一直高於整個地區。一九九六至二〇〇二年平均增長補 4%。墨西哥國內生產總值從 4030 億美無增加到 5940 億美元，世界排名從第十五位上升美第九位。

第四，擴大了墨西哥與各國的經濟貿易合作。鑑於墨西哥特殊的經濟地位，各國藉助墨進入美國市場的便利，有三十多個國家與墨簽訂了貿易協定，墨已成為世界簽訂此類貿易協定最多的國家。

第五，增加了墨國內的就業機會。外資特別是美國投資的增加，美向墨轉移勞動力密集型產業，如汽車製造、紡織、電器製造等，直接促進了該國的就業增長。從一九九七年至二〇〇〇年，墨西哥的失業率呈逐年下降，分別是 2.6%、2.3%、1.7%、1.6%。一九九八年，外資公司僱傭了墨西哥總勞動力的 20%。

美國作為全球化的積極倡導和推動者，並未忽視區域一體化。美國從二十世紀八〇年代中後期開始著力於北國自由貿易區，顯然受到兩國方面的壓力，最主要的是歐盟的合作水平不斷提高，在經濟上，美國感到威脅；其次是戰後由美國主導的國際經濟秩序逐漸失去了掌控權。因此，美國需要通過加強區域合作，與歐盟對抗。同時，提高競爭力，繼續維護其在全球經濟中的主導權。

第二次世界大戰之後，美蘇兩大超級大國爭霸世界，爭奪勢力範圍，冷戰了近半個世紀。蘇聯由於政治、經濟體制僵硬，逐漸在競爭中落敗，不僅失去了對世界戰略重地的控制，如非洲、

東南亞、阿富汗，更可悲的是把傳統的勢力範圍東歐諸國也脫離了蘇聯的控制。進而，在戈爾巴喬夫和葉利欽兩位手裡，自己肢解了蘇聯。冷戰以美國為首的西方陣營暫時的勝出而告終。然而，事情總有兩面，美國在政治上勝出，但在經濟上又培養了一個強有力的競爭對手，這就是歐共體（歐盟）。戰後，一直在美蘇兩國超級大國夾縫中生存的歐共體，借助一九八九年柏林牆的倒塌，為歐共體擴大勢力創造了難得的條件。冷戰結束後，經濟全球化得以迅速推進，國家間的競爭更多地轉向綜合國力上面，歐共體更借助「鐵幕」的降落，不遺餘力地擴張版圖，加速了歐洲一體化的進程。

歐盟目前二十七個成員國總人口超過 4.8 億，GDP 達到 12 萬億美元。歐盟的共同政策，「同一聲音對外」對美國無論在政治還是經濟上構成了嚴峻的挑戰。美國再也無法作為世界上的一霸面對歐盟的競爭，必須建立以其為核心的區域經濟集團，以繼續維持其在世界的經濟地位。二十世紀九〇年代初期，NAFTA迅速形成與歐盟合作快速擴張，決非偶然。

美國重視建立區域合作的另一原因是在其戰後以來一直主導的世界經濟、國際貿易和金融領域逐漸失去絕對的主導地位。二十世紀七〇年代初，美元與黃金脫鉤，導致起始於戰後初期確立美元。霸主地位的布雷森林體系的瓦解，加之美國主導的全球貿易自由化的烏拉圭回合的談判受挫，美國對全球金融、貿易的控制力大不如前，迫切地需要藉助地區的經濟合作，來提升其在全球經濟中的話語權。

NAFTA 是以美國主導的區域性經濟合作組織，美國在資金

技術貿易、工業化程度都處於絕對的領導地位。美國目前並沒有限制於北美地區，在控制 NAFTA 後，進而把目標轉向美洲自由貿易域，以提高美自身在全球的經濟地位。

在北美自由貿易區的基礎上，美國提出建立南北美洲的美洲自由貿易區。一九九四年，在美國邁阿密召開的西半球領導人會議上提出的，設想於二〇〇五年初在西半球建立一個世界上區域最廣、GNP 總值 14 萬億美元，擁有 8 億人口的自由貿易區，稱之為美洲自由貿易區（Free Trade Area of American），目的在於與歐盟抗衡。二〇〇三年十一月，美洲自由貿易區第八次部長級會議就美洲自由易區框架協上取得共識，並重申最遲於二〇〇五年一月啟動美洲自由貿易區。但由於南美國家的反對，特別是查維斯導的的委內瑞拉堅決的反美立場，導致美洲貿區未能如期啟動。但美國不曾放棄這一目標。在美國，美國在建立區域一體化進程中的核心作用將會持續。

▶ 東盟與中日韓（10＋3）之缺陷

東盟引領東亞合作的缺陷

作為世界經濟三大板塊之一的東亞地區，擁有二十億人口，國民生產總值超過十萬億美元。然而，東亞在地區經濟一體化方面，明顯落後於歐盟和北美自由貿易區。原因何在？如果從合作起步的時間次序上看，歐洲合作始於二十世紀五〇年代，且歐共體成員國文化傳統、經濟發展水平相近，有利於合作在廣度和深

度的展開。我們看到 NAFTA 起步比東亞晚了四分之一世紀，但合作水平卻高於東亞。那麼，為什麼會出現這樣的局面？亞洲經濟合作滯後的根本原因在於大國缺位。亞洲大國沒有發揮應有的引領作用。

從 EU 和 NAFTA 的發展過程，明顯地存在大國的核心作用。法德，毫無疑問，在歐共體、歐盟的演變過程中扮演著領導的角色。歷經半個世紀，至今仍處於引領的地位。在 NAFTA，美國自然承擔著領導的重任。當然，這也是美國樂意接受的。東亞的情形不同於歐洲和美洲，但在區域經濟一體化過程中，大國沒有起到應有的作用。東盟與中日韓（10＋3）的合作模式現階段有存在的合理性的一面，畢竟東盟是本地區經濟合作最高水平的地區性組織。在東亞大國還無法協調一致的今天，各大國借助東盟這個平臺開展經濟合作，也是無奈之舉。

東盟十國無論從經濟規模、市場規模、人口規範、技術水平，還是政治影響力等方面分析，都無法起到核心的作用。東盟在前引導，中日韓在後面跟著，在 10＋3 的框架下，東盟與中日韓又分別開展 10＋1 的合作。亞洲經濟一體化能不能達到與 EU 或者 NAFTA 的水平，在全球區域一體化的競爭中，能否勝出，前景並不樂觀。10＋3 的模式存在著一定的缺陷。

缺陷之一：東盟在國際政治上的影響力不如 EU 和 NAFTA。東盟成員中沒有大國和核心國家，對國際政治產生影響的能力不足，在國際規則制訂和地區制度安排方面的能力不足。而中國和日本作為世界第三、第二的經濟大國，無法直接發揮作用。雖然，東亞合作還會逐步推進，但在與 EU 和 NAFTA

的競爭中，將落下風。

缺陷之二：東盟與中日韓（10＋3）的模式實質上是東盟採取的大國平衡的策略，讓東亞大國相互制衡，以東盟為中心，制約了大國作用的發揮，從而造成東亞合作的軟核心，硬外圍，拖延了東亞的合作進程。

缺陷之三：東盟總體實力不強，單個經濟體更經不起國際經濟、金融危機的衝擊。但東盟對於大國的防範心理，妨礙了制度層面的合作。東亞的合作屬於危機促進型。一九九七年亞洲金融危機後，才啟動金融方面的制度建設，二〇〇七年以後的全球金融危機，才又進入實質的合作階段。

當然，東盟與中日韓（10＋3）作為現階段東亞合作的主要平臺，有其歷史和現實的原因。首先，東盟合作於二十世紀六〇年代起步，合作水平在不斷提升，成員持續擴大。在亞洲，東盟的合作處於最高的水平。東盟在全球範圍內的區域合作中，地位僅次於 EU 和 NAFTA。東盟與中日韓（10＋3）模式以及東盟（10＋6）的東亞峰會，客觀上也為推動區域合作做出貢獻。歷經四十多年的發展，東盟作為一支獨立的政治力量，在國際政治舞臺上已具有相當的影響力，大國及國家集團把東盟當作拉攏的對象。EU 與東盟建立定期對話機制，美國也重視東盟的作用。儘管都出於不同的動機。進入新世紀，以東盟為核心的東亞合作仍在繼續擴大和深化。

再者，從現實來看，中日對東亞合作的主導權之爭，客觀上也造成東盟得利的局面。日本從明治維新以來，一直以亞洲領導者自居，二十世紀三〇年代對亞洲發動的侵略戰爭，以日本的角

度，是從歐美列強手中奪回對亞洲的控制。所以，日本對亞洲的主導權有著根深蒂固的觀念。從近代的日中戰爭、日俄戰爭，到二戰，再到二十世紀六〇年代開始的經濟合作、七〇年代的「福田主義」、八〇年代的政治大國的目標，以及進入新世紀後，日本加速與東盟的合作進程等等，無不體現出日本對領導亞洲追求的不懈努力。

但是，由於眾所周知的原因，日本得不到亞洲鄰國的信任，且隨著日本經濟實力的相對下降，中國國力的持續增強，日本更加難以主導亞洲事務。但日本也不願意看到中國成為亞洲的引領者。

世界大國沒有一個希望看到中國的崛起。新的大國崛起，意味著其他大國的衰落。新世紀以來，針對中國的幾「論」，「中國威脅論」、「中國崩潰論」、「中國責任論」等等，表現出對中國的懷疑情緒以及不信任感。與亞洲利益關係密切的美國、俄羅斯，亞洲大國日本、印度，都對中國抱有強烈的防範心理。

東盟對中國既依賴又防範，特別是一九九七年的亞洲金融危機以後，東盟對中國的依賴度逐步超過日本。一方面，中國負責任的態度贏得東盟各國的信任，中國對東盟連年的逆差，加大了東盟對中國市場的依賴度。但是，另一方面，由於中國太大，中國太強，對於東盟來說，有一種壓迫感，是一種無形的威脅。東盟不願意由中國來領導亞洲的合作，這也是不可否認的現實。現階段中國採取的以東盟為主平臺展開區域合作，應該是理智的選擇。

東盟主導東亞合作從長遠來看，應該是一種過渡性的安排，

東盟擔當主體的角色也是暫時性的。當三個「10＋1」完成各自自由貿易區，離真正的「10＋3」的融合也不遠了。東亞下一階段的合作，會上升到更高的層面，如果到了區域安全、軍事合作、共同經濟政策方面的合作時，恐怕東盟難以繼續承擔領導地位了。由中日引領是大勢所趨。

二戰後，美蘇兩大超級大國在東南亞勢力範圍的爭奪，導致本地區出現持續的不穩定。從朝戰到越戰，二戰後，世界發生的兩次大的局部戰爭均發生在東亞。兩次戰爭都是美國的遏制戰略所引發的。戰後發生的局部戰爭幾乎都與美國有著千絲萬縷的連繫。美國從控制全球的角度出發，認為西方文化、宗教至上，對於不同宗教、不同文化的地區和國家隨意入侵和干涉，造成世界的不穩定。出於維護地區安全與政治上的獨立的考慮，一九六七年成立的東南亞國家聯盟，由菲律賓、印尼、馬來西亞、新加坡和泰國等五國組成。

東盟提出的宗旨是，加強經濟、社會、文化及安全領域的合作。成立之初，東盟成員國之間的經濟連繫並不緊密。二十世紀六〇年代至七〇年代的特點是，日本開始投資東南亞各國，向亞洲「四小龍」等國家和地區逐步轉移成熟產業，再由「四小龍」向其他東盟國家轉移工作力密集型的產業，從而形成以日本為龍頭的亞洲經濟「雁型模式」。這一時期，日本的投資和產業轉移，實現了東亞內部的產業分工，促進了東亞地區的經濟合作。

東盟內部的經濟合作是在成立後的第十個年頭才進入實質階段。一九七七年的《東盟特惠貿易安排》規定，從一九七八年一月一日起，東盟內部特惠貿易商品享受關稅優惠；到一九八二

年，享受關稅優惠的商品增至一九四九種。 一九九二年，東盟第四次首腦會議，東盟六國同意自一九九三年起的十五年內建成東盟自由貿易區，基本實現成員國間的零關稅。一九九五年，東盟第五次首腦會議決定到二〇〇三年成員國之間的產品實行零關稅，實現東盟內部完全自由化。

東盟地區的經濟增長以及相互之間的產業分工、貿易依賴，為區域經濟合作打下了基礎。這種合作其實就是水到渠成之事。從戰後到二十世紀九〇年代，東亞經濟發展呈現階梯形的模式。由日本—亞洲「四小龍」—東盟—中國依次實現經濟起飛。進入九〇年代，由於日本泡沫經濟的崩潰，經歷了「失去十年」後，日本不再成為亞洲經濟的頭雁，中國取而代之，逐漸發揮亞洲經濟增長的主引擎的作用。

東盟與中日韓（10＋3）合作模式形成

二十世紀九〇年代後的歐共體的東擴，及由此給歐盟帶來的發展空間、區域間競爭的巨大優勢。在地球的另一端，北美洲三國組成北美自由貿易區，以及美國雄心勃勃的全美洲的自貿區的設想。上述兩大區域的合作，對東盟形成了巨大的壓力。亞洲必須應對。

亞洲金融危機，給亞洲的合作帶來了契機。之後，亞洲合作步伐明顯加速。更可喜的是，合作進入實質階段，尤其在金融和貿易的領域。

一九九七年，一場突如其來的金融衝擊席捲東亞各國（地區）。對沖基金的攻擊從泰國開始迅速波及整個東南亞，其後，

日本、韓國和香港也受波及。在危機期間作為主要的國際金融機構 IMF 對東南亞的援助態度消極，要求受援國接受 IMF 提出的苛刻的、且事後被證明是錯誤的條件，讓東盟各國進一步認識到建立區域互助制度的必要性。在一九九七年亞洲金融危機中，中國堅持人民幣不貶值的做法，所表現出的負責任的形象贏得了東盟各國的讚揚。

東亞各國經濟相互依存度的提高，國際上區域合作對亞洲形成的倒退，以及金融危機給亞洲的教訓與反思，加速了東亞經濟一體化的進程。

一九九七年亞洲金融危機是東亞區域合作歷史上的一個轉捩點。東盟加中日韓逐漸成為東亞區域經濟一體化的常態機制。提到東亞區域合作，不得不提一位政治家就是馬來西亞的馬哈蒂爾。醫生出身的他以痛恨西方而出名。作為政治家，馬哈蒂爾第一個提出「東亞經濟集團」的設想（EAST ASIA ECONOMIC GROUP），由於，馬哈蒂爾一貫的反美立場，以及擔心自身被排除在東亞之外，美國對 EAEG 表示強烈反對。日本看到美國的態度，自然不敢違背老大的意圖。儘管 EAGA 的設想遭到美日的反對而夭折，但這一設想對於後來的東亞合作有啟發的意義。

一九九七年在東盟成立三十周年之際，東盟邀請中日韓三國參加在馬來西亞召開的東亞領導人非正式會議，由此形成了東盟與中日韓（10＋3）的合作機制。此後，每年召開一次領導人會議，商討本地區的合作事宜。

一九九八年的第二次東亞領導人會議著重就加強地區合作，

應對金融危機，促進區域經濟增長以及地區安全與穩定進行對話。

　　一九九九年，東亞領導人第三次會議，發表了《東亞合作聯合聲明》，就東亞區域合作的原則、方向、重點領域達成共識。進入新世紀，東盟與中日韓（10＋3）機制不斷發展的同時，東盟（10＋1）（東盟分別與中日韓）建立對話機制。

　　如果說「10＋3」是討論、規劃東亞區域宏觀層面合作的話，那麼，「10＋1」則是東盟分別與中日韓三國展開合作的對話。中日韓三國之間歷史、領土的糾紛，影響著彼此的合作，退而借助東盟這個平臺開展合作。如果中日、日韓、中韓之間存在的涉及國家核心利益的問題得不到解決，三國就無法形成合力，也不可能引領東亞的合作進程。

　　東盟主導目前的東亞經濟合作是一種現實的選擇。但從長遠看，東亞合作的真正推動力量應該還是中日兩大國。「10＋3」合作機制已經歷了十三年的歷史。合作始於金融救助，經過十多年的探索終於取得了實質的進展。二〇〇五年的「清邁倡議」推動了雙邊貨幣互換以及區域外匯儲備庫的建立。亞洲債券市場也取得一定的發展。亞洲開發銀行、世界銀行在一些東亞國家成功發行當地貨幣的債券。此外，「10＋3」框架中，已建立了外交、經濟、財政、勞動、能源、資訊、環境等多個領域的部長級會議機制，有效地落實領導人會議所達成的各項共識。

▶ 亞洲大國缺位

亞洲大國不作為

亞洲大國無論是中國，還是日本、韓國、印度都不是真正意義上的世界性大國。日本，作為近現代史上亞洲的佼佼者，經濟實力超群，是本地區唯一一個 G8 的成員。但現實的情況是，經濟大國和政治侏儒。日本經濟實力排在世界老二，但戰後至今一直在國家安全上受美國保護，外交上基本聽命於美國，經濟上特別是出口市場依賴於美國。美國依然在日本保留軍事基地，對於日本來說仍然沒有「結束戰後」。

作為世界上工業發達國家代表的 G8 成員，日本的聲音微弱。自以為可以代表亞洲，但實際上沒有為亞洲做什麼。在原來的 G7 中，日本雖為正式成員，但與其他六國難以完全平等。如今，G8 在決定世界事務也越來越力不從心。近十年發展中新興經濟體的力量迅速上升，西方發達國家受全球金融危機的衝擊，實力大打折扣，既無法代表世界，也難以決定重大事務。

在亞洲，日本曾經有過的經濟影響力，但隨著中國的崛起，日本影響力逐年衰退。日本也想努力改變政治侏儒的現狀，試圖通過推動聯合國改革，成為安理會常任理事國，但前景並不看好。原因之一是國家的道德水平不為世界認同。這是日本最大的致命傷。

戰後，日本基本由自由民主黨執政。自民黨對於過去侵略戰爭沒有作徹底的切割。相反，日本歷屆政府（除 1995 年村山富市內閣，社會黨短暫執政時期），在這個問題遮遮掩掩，教科

書、領土問題、歷史問題成為日本沉重的包袱。亞洲特別是東亞各國對日本抱有戒心，也制約著日本在亞洲政治上主導作用的發揮。儘管其內心深處極想成為亞洲的老大，但如果走不出道德窪地，日本終將得不到東亞國家原諒。

在歷史上，曾經長期位居列國之首的中國，因其閉關鎖國，故步自封，在過去的一個世紀屢遭西方列強的侵略和蹂躪。戰敗、賠款，幾千年積累下來的國家財富，讓西方掠奪一空，淪落到了被隨意掠奪的半殖民地。一九四九年十月一日，中國近代史上最具神秘色彩的人物，被中國人民喻為「大救星」的毛澤東在天安門城樓的一句「中國人民從此站起來了」，結束了這個多災多難的民族在過去一個世紀屈辱的歷史。但這個東方大國，曾經的經濟大國，在共和國成立的頭三十年並沒有真正的站立起來。特別在經濟領域及國際政治舞臺。

共和國成立的前三十年，由於照搬照抄蘇聯的計劃經濟模式，以及接連不斷的政治運動，到一九七六年「文化大革命」結束時，中國經濟實際上已處於崩潰邊緣。不過，這一時期毛澤東的國際主義使中國贏得了亞非拉窮國的尊敬。而恰恰是這三十年，日本經濟、科技突飛猛進。一九六八年，日本已成為世界第二經濟大國。十年之後的一九七八年底，中國轉變工作重心，把經濟發展擺在首位，古老的中國才回到正道。

改革開放三十年與上一個三十年截然不同，世界第三經濟大國的地位，使中華民族又重新回到世界的中心。巨大的市場規模、持續的經濟增長以及巨額的外匯儲備，中國準備重新參與世界事務，試圖改變由西方制定主導的不合理的國際政治經濟規

則。但這並不容易，國家的整體實力並不足夠強大。如溫家寶總理所言，再大的數位除以一個十三億就變得微不足道了。我國的人均 GDP 不足日本的十分之一。我們對世界的瞭解並不全面，傳統強國並不十分樂意地接納我們。

二〇一〇年，中國 GDP 即使超過日本，也並不能因此下結論說中國成為經濟強國。我們充其量是個經濟大國。在國際政治舞臺上，中國要真正發揮作用，還需要很長的路要走。西方主導的世界，在未來很長一段時間裡，還將處於主流。現實的選擇是，聯合發展中新興經濟體，共同推動改變不合理的國際規則和秩序。中國是世界經濟大國，但政治上仍屬於地區大國。中國即使想在亞洲發揮政治的影響，也存在種種障礙和阻力。中國與東盟十國合作，建立自由貿易區，通過東盟主導的平臺，與亞洲開展合作。現階段，中國仍無法主導亞洲事務。原因是美國不樂意，日本不樂意，東盟也不願意。

亞洲另一大國印度，一個古老的民族，世界四大文明古國之一，也經歷了類似中華民族的悲慘經歷。十六世紀，葡萄牙殖民者入侵印度；一六〇〇年英國成立東印度公司；十八世紀中葉，印度淪為英國殖民地。一九四七年，印巴分治；一九五〇年印度獨立。一九四七年印度領導人尼赫魯宣稱「印度要成為世界一極，似乎已經觸手可及了」。但事實上，過了六十多年後的今天，印度仍然沒有能實現這一遠大理想。

被美國寄予厚望的這個所謂的世界上人口最多的民主國家，由於基礎設施落後，人口眾多，且不實行計劃生育（人口增長率是中國的兩倍），貧富兩極嚴重分化。印度人口達 11.862 億，中

國 13 億。美國《紐約時報》曾經引用印度一工廠主的抱怨，他想不通實行民主的印度怎麼會落後於中國這樣實行共產黨經濟政策的國家。

事實也的確如此。在二十世紀五〇年代初到七〇年代末的三十年時間裡，印度的年均經濟增長率只有 3.5%，但此後的二十年，年均增長達到 6%。根據中國社科院的一份調研報告，印度經濟增長率二〇〇五年至二〇〇七年分別為 9.0%，9.7%，8.7%。二〇〇七年印度 GDP 達到 1.16 萬億美元，人均 GDP 為一千美元。中國經濟近二十年一直保持在 8%至 10%的增速。二〇〇七年中國 GDP 總量達到 3.4 萬億美元，人均 2500 美元。二〇〇八年印度經濟增長按其官方統計為 6.7%，中國為 9%。預計二〇〇九年中印的 GDP 增長分別為 8.7%和 7%左右。

印度被公認是繼中國之後又一個經濟改革成功的發展中新興經濟體。印度的資訊產業、醫療工業和紡織業成為經濟發展中的亮點。

最近十年，包括信息產業在內的服務業對印度經濟貢獻度最大，占 GDP 的 50%。印度想要成為一個世界性大國，最樂觀的估計尚需十五年左右的時間。前提是國際、國內都不發生足以影響其經濟社會發展的重大事件。印度官方態度相當樂觀。二〇〇三年十一月，印度財長聲稱，印度只要六七年時間就可超過中國，到二十一世紀第一個十年結束時，印度將成為世界最大的經濟體。時間還剩下一年了，即使不發生全球金融危機，恐怕這個目標也達不到。

美國高盛公司預測印度 GDP 在二〇一五年超義大利，二〇

二〇年超法國，二〇二五年超德國，二〇三二年趕超日本成為僅次於美國、中國的世界第三大經濟體。當然高盛的報告也只是一種預測而已。現實變化往往出乎預料。中國經濟總量二〇一〇年超過日本，報告沒有預測到。

較之中國，印度成為世界大國之路更為遙遠。在中國於世界事務中有所作為的今天，印度的影響仍還局限於南亞地區。而印度經濟通過加入「10＋6」尋找新的出路，說明印度在積極尋求擴大與東亞經濟連繫，發揮在亞洲政治影響。

中國的想法

中國與東盟的合作目前通過兩種管道即「10＋3」和「10＋1」。從實際運作看「10＋1」的合作效率要高於「10＋3」。原因是「10＋1」所面對的複雜因素要大大少於「10＋3」模式。中國東盟「10＋1」自由貿易區於二〇一〇年正式實現。而「10＋3」的合作協調各方利益障礙重重，耗時費力。

要成為世界大國，必須首先成為地區的強國和領導者。美國和法德的實踐都給了我們共同的啟示。中國未來的目標在於在世界座標中確立自己的位置。亞洲只是中國走向世界平臺的一個基礎和支撐。中國未來的路徑應該是引導亞洲一體化—亞洲強國—世界大國。現階段走好第一步是關鍵。

二〇〇一年，中國與東盟達成共識，到二〇一〇年建立「中國─東盟自由貿易區」。自貿區合作內容包括貨物貿易，服務貿易和投資便利化，並首先啟動「早期收穫計畫」。此後，東盟與中國「10＋1」的合作明顯提速。二〇〇二年，中國與東盟簽署

了《中國與東盟全面經濟合作框架協定》。二〇〇三年十月，中國與東盟簽署了《面向和平與繁榮的戰略夥伴關係的行動計畫》、《全面經濟合作框架協定貨物貿易協定》、《爭端解決機制協定》等文件。二〇〇七年雙方達成了《服務貿易協定》。上述協定為中國東盟合作奠定了制度性的基礎。

二〇〇四年一月一日起，中國—東盟自由貿易區框架下的「早期收穫計畫」開始實施。中國本著「讓東盟先得利」的考慮，減稅首先從東盟國家優勢的農產品開始，對老撾、柬埔寨、緬甸等經濟不發達國家，實行單向減負關稅。早期收穫計畫實行後，中國對東盟的農產品貿易從順差轉為每年約二十億美元的逆差。

進入新世紀，中國經濟仍保持高速增長成為東亞地區和世界經濟的主引擎。東盟各國分享了中國經濟發展的紅利。自一九九一年中國與東盟建立對話關係以來，雙邊貿易迅速增長，由一九九一年的 79.6 億美元增加到二〇〇七年的 1800 億美元，二〇〇八年為 2311 億美元，年均增長 24%。

中國和東盟互為第四大交易夥伴。二〇一〇年一月，中國成為東盟第三大交易夥伴。七千種產品進出口享受減免關稅待遇。自貿區啟動後，中國對東盟平均關稅從 9.8% 降至 0.1%。東盟對中國的平均關稅從 12.8% 降至 0.6%。

在中國—東盟雙邊投資方面，迄今東盟對華投資遠遠高於中國對東盟的投資。但隨著中國國力增強，企業對外投資的意願越來越強烈，並實施大規模的對外投資。中國東盟雙邊投資不平衡的局面將迅速得到改變。東盟鄰近中國，與中國經濟互補性強，

是中國企業走出去的重要地區。東盟對中國實際投資額從二〇〇三年的 29.3 億美元增長至二〇〇八年的 54.6 億美元。同時，中國對東盟的直接投資從二〇〇三年的約 2.3 億美元增加到二〇〇八年的 21.8 億美元。近些年，中國對東盟投資以年均遞增 60%，雙方累計相互投資已超過六百億美元。

為穩定東亞地區經濟發展，中日韓與東盟建立區域外匯儲備庫。中國（含香港）出資一千二百億美元，在二〇〇九年博鰲論壇上，中國總理溫家寶宣佈出資一百億美元成立中國東盟基礎設施投資基金。中國經濟壯大，正為東盟經濟的發展提供機遇。

中國與東盟自由貿易區於二〇一〇年全面建立，標誌著中國與東盟的合作邁出歷史性的一步。自貿區的建成將惠及 19 億人口，生產總值近六萬億美元，占 13%的全球貿易份額、區內貿易額達 4.5 萬億美元。從經濟規模上看，成為僅次於歐盟和北美自貿區的全球第三大自貿區。對本地區的政治和經濟將帶來積極的影響。

第一個帶來的積極影響在於直接促進中國—東盟的經濟貿易投資水平的提高。借助經濟互補，促進彼此的經濟發展，從二〇〇一年雙方達成建立自貿區協定後至今，雙邊的投資貿易快速發展。

第二個影響是直接拉動了東亞區域內的合作步伐。在中國—東盟自貿區目標確定之後，原來態度消極的日本政府擔心失去與中國競爭的優勢，被迫迅速採取行動，於二〇〇二年一月與新加坡簽署「自由貿易協定」；兩年之後，與東盟簽署二〇一二年建立自由貿易區的協定。「10＋3」中的另一方韓國也坐不住了，

二〇〇三年，韓國在東盟年會上提出展開東盟—韓國自由貿易協定談判的建議。

第三個積極影響在於中國穩定了與東盟的周邊關係。隨著經濟合作的深入，政治安全等方面的對話也隨之展開，有助於減少區域外的大國特別是美國對本地區事務的插手和干預。在南中國海問題上，美國一直在背後挑撥中國與菲律賓、越南、馬來西亞等東盟國家的關係。

第四個積極影響在於中國—東盟（10＋1）合作的深化，拉動東盟—日本（10＋1）以及東盟—韓國（10＋1）合作的加速。為東盟與中日韓（10＋3）增添了實質內容。為東亞一體化創造條件。這一影響將在未來的合作中體現出來，但可以斷定是非常關鍵性的一步。

中國—東盟自由貿易區建設順利進行自然是一種積極的動向，給人們帶來東亞合作樂觀的前景。但就中國而言，在推進東亞合作或一體化仍面臨眾多的障礙和困難。

第一，東亞地區是大國利益交錯之處。東亞在地緣政治中的重要地位以及作為世界經濟最活躍的三大板塊之一，美國把東亞視作其傳統的勢力範圍，不甘心輕易地放棄其長期在本地區所處的主導地位，尤其在政治領域。而其他大國如俄羅斯、日本、印度甚至大洋洲的澳大利亞也惦記東南亞地區。世界大國的地緣戰略和利益制約著中國的作用發揮，這也是中國政府迄今為止一直強調東亞合作以東盟為主導的原因之一。這也意味著，中國要想在東亞一體化過程中有所作為，制約力量頗多。

第二，中日兩個大國在東亞合作中的主導權之爭也直接制約

著兩國在一體化中作用的發揮。日本一直把東南亞視為自己的後院。如同美國視美洲為自家後院一樣。二戰時期，日本佔領東南亞欲實現「大東亞共榮圈」的夢想，二戰後，日本的經濟恢復成長後的二十世紀六〇年代，開始對東南亞進行經濟滲透。雖然，在二十世紀九〇年代，經濟泡沫過後，日本元氣大傷，但日本始終不願看到中國在東亞經濟合作、政治對話中的領導作用。這也是中國─東盟合作一旦有進展，日本隨即跟進的原因所在。如何協調中日在東亞經濟合作中的作用，關係到東亞一體化的進程，否則，無疑會拖延合作的進程，而且區域競爭中使東亞繼續處於落後的境地。

第三，東亞國家與歐盟和北美三國相比，情況更加複雜。存在著不同社會制度、不同宗教信仰、不同文化背景、不同經濟水平的國家群體。戰後在美國主導下，東亞各國長期的互不信任，要增進互信並非易事。而中日、日韓、中韓、中國與東盟諸國之間的領土之爭，也對提高東亞經濟合作的水平產生負面影響。中國身處東亞的中心位置，與周邊國家幾乎都存在上述問題。隨著中國政府的和平崛起的理念的宣傳以及負責任大國的形象的逐步確立情況有所好轉，但東亞國家建立互信仍需要長期的努力。

因此，即使中國有心主導東亞合作，現實的種種因素制約著中國的作用。中國並非不想為，而是現階段不可為。

日本的想法

日本與東盟的合作起了個大早，趕了個晚集。戰後日本經濟發展主要依靠美國的資金、技術和市場，美國一直是日本出口的

第一大市場。中國成為日本出口最大市場是近幾年的事。儘管從二十世紀六〇年代起，日美間一直打貿易戰，從紡織品、鋼鐵到汽車、半導體，但打歸打，雙方經濟關係鬥而不破，日本對美貿易順差一直居高不下。美國的「外需」成為日本經濟增長的重要支撐。出於本國產業升級，實現出口市場多元化，確保資源能源供給的需要，日本從二十世紀六〇年代開始通過對外援助（作為二戰侵略東南亞諸國的一種賠償）、投資和轉讓技術等形式進入東南亞。

在此後的二十年的時間裡，在東亞形成所謂的「雁形模式」即日本領頭—亞洲「四小龍」—東盟—中國，先後拉動發展的模式。但直到一九九七年亞洲金融危機之前，日本並沒有在區域合作的制度建設上下功夫。

東盟從一九六七年成立到一九九七年的三十年間，作為一個地區組織，在國際上無論是政治還是經濟，安全領域已具備相當的影響力。日本沒有實質嘗試與東盟的全面合作，其原因是：第一，對美國亞洲戰略的顧慮。戰後對美關係是日本外交的核心。日本一直受到美國的軍事保護。日本在美國的亞洲戰略中屬於一顆重要的棋子。美國對日本「有保有壓」，即讓日本發展經濟，讓日本在亞洲擁有一定的政治影響，但美國必須把握對亞洲的戰略控制。美希望看到日本能夠協助其戰略的實施，但不希望日本替代自己。日本把本國的軍事安全和經濟命脈寄於「老大哥」身上，自然得看美國的臉色行事。所以，在東亞合作上不敢太主動。因此，當馬來西亞總理馬哈蒂爾提出帶有排他性的「東亞經濟集團」遭到美國反對後，日本政府立即收聲。而日本在「10＋

3」的基礎上，力主澳大利亞、紐西蘭和印度加入「10＋6」，在防範中國的同時，其實也充分反映了美國的想法。

第二，在二十世紀九〇年代之前，對日本而言，區域競爭壓力並不大，日本主張全球多邊貿易自由化，並不重視區域內的雙邊和多邊自由貿易協定。但面對冷戰結束後，歐共體（歐盟）咄咄逼人的擴張勢態，以及北美自由貿易區的建立，日本經濟面對的地區壓力陡增。加之，全球多邊貿易機制進展緩慢，日本才回過頭來尋求東亞地區的經濟貿易合作。

第三，從戰後到二十世紀九〇年代日本泡沫經濟破裂的近半個世紀，日本經濟主要依靠美國和歐洲，東南亞各國在日本經濟中的比重不高。日本依靠歐美市場就能維持其經濟的平穩增長。但從二十世紀九〇年代以後，隨著東盟國家特別是中國經濟進入高速增長階段，東亞諸國在日本經濟中的分量越來越重。特別是「中國需求」成了日本走出「迷失十年」的救命稻草，這時日本才真正重視東亞地區合作。

在亞洲金融危機之前，日本與東盟的經濟和政治的關係優於中國與東盟的雙邊關係。但由於日本長期對東亞合作不重視，一九九七年金融風暴後，中國—東盟同意在二〇一〇年建立自由貿易區的協定刺激了日本的神經。擔心落後於中國，讓中國占了先機，日本政府加快了與東盟合作的腳步。在中國東盟自貿區協定簽署一年後，日本與東盟（2002 年）簽署了於二〇一二年建立日本東盟自由貿易區的協定。二〇〇三年十月，中國簽署了《東南亞友好合作條約》，當月，日本與東盟在印尼峇里島簽訂了《東盟與日本全面經濟夥伴關係框架協定》。同年十二月，日

本─東盟特別首腦會議在東京召開。日本希望借機改變在與東盟合作中落後於中國的局面。日本簽署了《東南亞友好合作條約》，發表了以建立東亞共同體為主旨的《東京宣言》。同時啟動日本與馬來西亞、泰國和菲律賓之間建立自由貿易區的談判。二〇〇七年十一月，日本與東盟十國達成全面經濟夥伴協定。二〇〇八年四月正式簽署。二〇〇六年，日本提出「10＋6」計畫，將澳大利亞、紐西蘭和印度拉入東亞合作的範圍。其主要目的是要安撫美國，制衡中國。

同中國一樣，日本一直也不提主導東亞經濟合作的想法，兩個僅次於美國的世界經濟大國同處東亞，卻沒能在本地區經濟合作中發揮類似美國和法德在各自區域合作中的主導作用。中國有中國的考慮，日本也存在其特別的背景。

美國的亞洲戰略無疑是日本最大的忌諱。美國把日本作為其亞洲戰略的重要夥伴。通過日美同盟，確保其對亞洲的控制。但美國對日本策略是既利用又防範。讓日本成為美國的利益代表，把日本作為美國在亞洲的代言人，美在亞洲的利益由日本出面來維護。但另一方面，美國對日本留了防範的一手。讓日本發展，但又不想讓日本過於強大，防範日本替代美國在亞洲的地位。當日本過於強大，對美國構成威脅時，美國老大會毫不猶豫地「敲打日本」。吃過苦頭的日本在東亞合作問題上十分謹慎，對於東亞各國提出的不符合美國意圖的設想一概表示反對，而更多的提出包括美國利益在內的各種合作設想，比如 APEC 等。這恐怕是日本作為經濟大國、亞洲強國至今未能在東亞合作發揮主導作用的最大原因。

對過去戰爭沒做徹底切割，東亞各國對其強烈的防範和不信任，是日本在東亞合作中無所作為的重要原因。日本政府在戰爭責任問題上躲躲閃閃，沒有做徹底的反省，而且在教科書等問題上小動作不斷，引起曾經飽受過其侵略的鄰國強烈的不滿和懷疑。日本政府從二十世紀六〇年代開始對東南亞開展經濟合作，七〇年代提出「福田主義」，八〇年代提出「政治大國」目標，把東南亞作為重要的夥伴。但日本的努力始終讓東南亞各國聯想起「大東亞共榮圈」時期的噩夢。對日本的不信任，使得日本在東亞合作中難有作為。

中日兩國在主導東亞合作中的日本相互制約、提防，嚴重地阻礙著兩國作用的發揮。東亞「10＋3」中，中日如能協調發揮核心作用，將有利於合作的推進，這需要時間，但積極的跡象開始出現，在一九九七年以後的十多年裡，亞洲經歷了兩次大的經濟、金融危機的衝擊，危機的意識促進東亞合作制度建設的加速。中日兩國無論是雙邊關系還是亞洲多邊的合作，協調總比爭鬥好。兩大國合則兩利，攜手合力則利於東亞一體化進程順利，有利於在全球區域一體化的競爭中起碼不處於被動地位。但日本提倡的「10＋6」東亞峰會對東亞經濟一體化會產生何種影響尚難定論。事實上「10＋3」機制作為一種定期磋商安排，已經取得實質成果。而日本提議增加澳大利亞、紐西蘭、印度進來，符合美國的戰略期望，以控制中國的影響，但對今後東亞一體化合作又添了新的政治對抗因素。

韓國的想法

韓國不屬於真正意義上的大國。其人口、領土面積、經濟規模對國際政治的影響都不能與鄰近的中國和日本兩國相比。但考慮到韓國在東亞列日本和中國之後的第三大經濟體，二〇〇八年GDP 總值為 8600 億美元（中國約 4.3 萬億美元，日本約 4.9 萬億美元），與中日完全不在一個等級上。但由於韓國屬於「10＋3」中的重要成員，韓國政府的態度也將對東亞經濟一體化產生影響，有必要對韓國的想法做一個分析。

韓國經濟從二十世紀六〇年代起到二〇〇八年，其國內生產總值從二十億美元，增長到二〇〇八年的 8600 億美元，人均GDP 從 155 美元到二〇〇八年超過 2 萬美元，韓國作為與新加坡、香港、臺灣的亞洲「四小龍」之一，共同創造了這一時期「東亞奇跡」。同日本類似，韓國政府在經濟高速增長階段，政府起了主導作用。政府動用資源扶植一大批大型工業企業集團，幾大企業集團幾乎壟斷了生產和資本資源。韓國政府重大企業，輕中小企業，重重化工業輕輕工業和農業，造成了經濟基礎不穩，而經濟出口導向型嚴重依賴外需，也使韓國經濟在一九九七年亞洲金融危機中遭受重創。

一九九八年韓國加入經濟合作與發展組織（OECD），經濟實力在全球各國位居第十一位。但全亞洲金融危機之後，排名下降至第十七位，在拯救危機過程中，IMF 對韓國提出苛刻的條件，如允許外國銀行擁有韓國銀行 50%的股權，經濟增長率調低至 3%等，引發韓國內民眾反感。許多韓國民眾賣掉黃金飾品，捐給國家用於償還外債，在反映出愛國心的同時，也表現出

對 IMF 憤怒。

金融危機改變了韓國對東亞合作的態度。韓國一直把重點放在東北亞經濟合作上，韓國與中、日經濟連繫十分緊密，對於韓國而言，其重要交易夥伴基本上是美中日三國。面對嚴峻的國際經濟形勢，以及中日與東盟日趨緊密的經濟合作，韓國政府開始重視調整對外經濟合作的重點，並著力與東亞建立互助的制度。

韓國是「10＋1」中最後一個提出與東盟建立自由貿易區的國家。二〇〇三年，繼中日與東盟達成建立自由貿易區協定之後，韓國提出與東盟建立自貿區的設想。二〇〇五年十二月，韓國與東盟簽署了《韓國東盟經濟合作框架協定》，二〇〇六年八月，韓國與東盟簽署自由貿易協定。

韓國政府對東亞經濟一體化由被動轉為主動，進而積極參與，主要有幾個原因：

第一，隨著東亞各國經濟實力的增強，韓國的主要經濟利益在東亞，韓國不甘於在東亞一體化進程中落伍。韓國的三大主要交易夥伴（中美日）中有兩個在東亞，中國已成為韓國第一大交易夥伴，日本為韓國的第三大交易夥伴。東盟並不在三甲之內，但也成為韓國第五大交易夥伴。中日與東盟經濟緊密化，韓國作為一個小經濟體，與中日同處東北亞，擔心搭不上「東亞一體化班車」對未來經濟帶來不利的影響。

第二，朝鮮半島不穩定的局勢，需要借助東亞區域共同的安全穩定機制。韓國憑自身的力量無法解決朝鮮半島無核化、跨國犯罪，以及恐怖威脅等眾多傳統與非傳統的安全問題。

由中國政府牽頭的以朝鮮半島無核化為目標的「六方會

談」，起碼能使半島局勢不失控。儘管近期在內外形勢的綜合作用下，朝鮮重新檢討以及宣佈終止「六方會談」，但其他五方仍堅持「以六方會談」解決半島問題的方針。因此，參與東亞合作進程，構建區域安全機制，有助於保障朝鮮半島的和平與穩定。

第三，區域經濟一體化的壓力對中日韓三國都一樣。在中日韓三國尚未形成東北亞經濟一體化的形勢下，東盟的平臺是最佳的選擇。EU 與 NAFTA 的形成與擴展對中日韓來說，面臨經濟上的巨大挑戰。而中日韓三國之間的歷史、領土糾紛不是短時間內能解決的。通過東盟這個平臺來構建東亞經濟合作平臺，現階段也只有這個選擇。

印度的想法

印度在參加「10＋6」東亞峰會後成功地進入東亞合作進程。「10＋6」的模式雖然為東亞合作提供了一個新的合作平臺，提供了更廣闊的空間，但隨著東亞區域外的國家印度以及非亞洲國家澳大利亞和紐西蘭的加入，帶來的政治複雜因素，增加東亞未來合作的不確定性。因為「10＋6」本身是多方博弈平衡的結果。

日本為了抑制中國在東亞合作中的作用，極力主張大洋洲的澳大利亞和紐西蘭成為東亞合作的成員。日本的這種主張背景不排除有美國的影響。在抑制中國的作用和影響方面，日美是一致的。而東盟出於平衡，以及地緣政治，經濟發展的考慮，把印度也拉入東亞合作的圈子，以達到平衡中日澳等大國的目的。

印度為了從東亞經濟增長中謀求更多的機會，在二十世紀九

〇年代提出「東向戰略」。一九九二年，印度成為東盟的部分對話夥伴。一九九五年成為東盟的正式對話夥伴，並確定在貿易、投資、科技和旅遊等四個領域開展合作。一九九六年，在政治及安全領域，印度與東盟開展部長級的合作。二〇〇三年十月，東盟與印度舉行了東盟＋印度（10＋1）的首次領導人會議。二〇〇三年，印度簽訂《東南亞友好合作條約》，成為繼中國之後第二個承認該條約的非東盟國家，並與東盟簽署了雙邊自由貿易協定。二〇〇五年十二月十四日，首屆東亞峰會（10＋8）在馬來西亞首都吉隆坡舉行，印度、澳大利亞、紐西蘭正式加入東亞合作進程。

綜上分析，面對全球化和區域一體化同步深化的新格局，加強東亞區域合作是形勢的要求，大勢所趨。東亞合作關鍵看中日的態度。日本目前比較焦急，鳩山內閣提出「東亞共同體」的設想，中韓的反響並不十分積極。日本政府急是有原因的，一是中國與東盟已經正式啟動了自貿區，形成世界第三大規模的自貿區，日本沒趕上。戰後以來，日本與東盟南亞國家合作方面一直走在前頭，對如今落後和被動處境倍感失落與擔心。二是中國已超越美國成為日本第一大交易夥伴。日本經濟增長更多地依靠中國，而不是美國的因素。鳩山提出「友愛」外交，試圖改善與鄰國關係，挽救日本經濟。三是日本政府主動提出合作設想，以圖奪回區域合作的主導權，確立日本在東亞的主導地位。

東亞合作沒有中日的良性互動形不成大氣候，就跟歐盟合作如沒有法德推動無法在成立五十周年時同時在成員國首都奏響《歡樂頌》一樣。中日超越歷史，超越過去，需要兩國政治家的

智慧與高超的手法。考慮中日關係，不能限於雙邊、區域的範圍，而應從世界範圍來審視兩國關係，中日兩國在國際政治和經濟的地位決定了雙邊關系的重要程度。中日想要越過歷史的門檻，日本首先要對周邊鄰國對過去的侵略歷史作一了斷，德國已給日本做了榜樣。世界的重心由西向東轉移，處於東方的中國、日本如想在世界大調整中，確定主導位置，必須擺脫西方大國特別是美國對亞洲事務的主導。中日和解，促進東亞經濟一體化，外部勢力利用矛盾的機會就將大大減少。因此，中日牽頭主導東亞一體化，不僅有利於本區域內部的經濟連繫加強，也有助於擺脫美國對亞洲的控制。

東亞合作未來理想的路徑是東盟分別與中日韓 10＋1 建成自貿區，中日韓三國之間形成合作區域，進而把東盟分別與中日韓三個 10＋1，與中日韓經濟共同體對接，形成一個「東亞共同體」，通過深化經濟融合和文化交流，人員密切往來，逐步排除影響東亞合作的各種干擾因素，如中日韓的歷史問題、領土糾紛、朝鮮半島的核問題、中國的統一問題等。東亞與歐盟儘管歷史文化、宗教、經濟水平等存在不同的背景，但歐盟的成就，歐盟五十年來走過的道路，給東亞提供了區域合作的一個方向，先易後難，先經濟後政治，最終形成一個經濟政治外交的統一體，區域的和平與穩定得以保證，各種歷史、文化、法律的障礙得以消除，這些都值得亞洲，特別是中國與日本的借鑑。

後記

　　重新崛起，是中國政府的一個敏感話題。曾幾何時，在毛澤東時代，中國國力不濟，但毛澤東的國際主義、宏偉的世界視野，讓社會主義中國成為第三世界、發展中國家當之無愧的領袖。二十世紀五〇年代至七〇年代，從亞洲到非洲、拉美、東歐，中國就是一面旗幟。中國在不同時期，根據國際戰略大局和國家根本利益，敢於同不可一世領美帝國主義進行文攻武鬥。在朝鮮戰爭、越南戰爭中，打得實力超強的美國人只有簽署停戰協議。

　　二十世紀七〇代至初，美國新當選總統尼克森主動跑到北京來改善關係。對於曾經是社會主義老大哥蘇聯，毛澤東時代，更是毫不退讓地維護國家利益。在二十世紀八〇年代之前，中國在中美蘇三大角中，實力最弱，但戰略上始終保持主動。熟讀中國歷史的偉人毛澤東在國際舞臺上縱橫捭闔，獨樹一幟，中國贏得了國際社會的廣泛尊重。

　　改革開放後，中國外交進入了韜光養晦的時期。在過去三十年間，中國埋頭於對內改革、對外開放的偉大事業。改革成功給中國帶來的是國力大增，長為世界第三經濟大國。儘管人均

GDP 仍處於中等偏下水平，但中國經濟對世界的影響已今非昔比。中國買什麼，全世界漲什麼，中國賣什麼，全球商品就跌什麼。中國的低成本，為世界各國提供了廉價優質的中國製造商品。如今，全世界每天都緊張地關注中國一言一行。中國官方的表態瞬間可以使美元下跌，讓石油等大宗商品上漲。

根據 IMF 的統計，二〇〇八年中國經濟對世界經濟增長貢獻率達 20%。二〇〇九年受金融危機影響，全球經濟特別是發達經濟體一片蕭瑟，而中國經濟仍能維持 8%以上的增速，可謂一枝獨秀。IMF 預測中國經濟增長 7.5%，而中國政府定下 8%的目標，最終實現 8.7%，預計對世界經濟增長貢獻率超過 50%。二〇一〇年，中國將超越日本成為世界第二經濟大國。

斗轉星移，在被世界邊緣化近一個半世紀的中國又回到了世界舞臺的中央。隨著國力的快速上升、中華文化軟實力的重新恢復，特別是中國不同於西方列強的軟性外交，使得中國更易為國際社會所接納和認可。在當今世界在不同宗教、文化背景的世界各地，中國比美國更受歡迎，尤其在中東伊斯蘭世界和非洲、拉美等第三世界國家。

對於中國的崛起，世界上持正面看法的國家占多數。原因是無論是美國的同盟國，還是對立國，都希望世界上有一股力量能夠制約美國霸權。這種傾向在前蘇聯垮臺之後，老布希政府發動的第一次海灣戰爭後已經顯現。小布希政府借「9‧11」事件對阿富汗實施打擊，特別是美國無視聯合國的權威，對主權國家伊拉克發動侵略後，變得越來越強烈。布希政府單邊主義的窮兵黷武政策，不僅使美國再一次陷入越戰困境，同時也讓美國制度和

國家形象大打折扣。

冷戰結束後，美國以勝利者自居，環顧四海無對手，當其失去敵人時不知所措了。把推廣美式民主作為已任的布希政府，其實已經脫離了一個主權國家政府權力範圍。朝鮮、伊朗、委內瑞拉等對立國家反美立場；二〇〇一年的科技網絡淘汰的破裂、二〇〇八年的次貸危機的爆發，使美國陷於內外交困之中。作為世界一哥的頭痛問題還不止於此。全球氣候變暖、核擴散、跨境犯罪、大規模權傳染病等，美國已無力單獨應對。表面上看，美國仍然強大，軍事基地遍布全球，經濟實力保持世界第一，科技能力處於領先地位。但在光鮮的背後，卻掩不住下降的趨勢。年均5000 億美元的軍事開支，占了世界軍費的一半、GDP 占比開始下降、對世界經濟的貢獻度大不如前，世界初現「去美國化」的動向。

在經歷改革開放三十年之後，在自覺不自覺的過程中，中國的角色正在改變，這既是中國實力所致，也是國際社會所盼。美國在獨木難撐的無奈之下，要求中國成為「負責任的大國」，成為美國的「責任攸關方」。一九九七年的亞洲金融危機，中國的表現贏得了亞洲各國的尊重，體現了負責任大國的形象。二〇〇八年的全球金融危機的全面爆發，中國政府迅速提出 4 萬億元的經濟振興計劃，為世界經濟做出貢獻。中國在國際上樹立了榜樣。比較美國和日本兩大經濟強國的表現，更顯得中國政府的高度負責的形象。

中國積極改善與鄰國的關係，努力與各大國保持良好的政治關係，致力於解決歷史遺留的邊界劃分，發展與周邊各國的經濟

合作，中國──東盟自貿區也於二〇一〇年正式運作。中國積極參與聯合國的維和行動，支持通過多邊努力解決全球共同面臨的問題。在亞洲，中國業已成為經濟和安全的穩定器。在全球，中國成為一支維護和平舉足輕重的力量。

為了拓展海外市場，為更多的中國產品尋找國際買家；同時也為了確保經濟增長所需的能源與資源的穩定供應，中國加大了對非洲和拉美的投資及援助力度。與美歐不同的是，中國的對外援助不帶苛刻的政治和其他方面的條件，堅持不干涉別國內政。歐美指責中國的對非援助，實際上是一種虛偽的表現，是擔心其傳統的勢力範圍遭到中國的侵入。看看德國、法國、英國、義大利等所謂的傳統大國在殖民時期對非洲所作所為，再比較過去五十多年，中國對非洲長期持續的援助政策，無私幫助非洲國家修鐵路，建水庫，蓋學校、體育館，造福當地人民，歐美沒有資格在這個問題上對中國說三道四。歐美對非洲更多的是掠奪，而中國對非洲各國則是給予。

中國崛起已不可逆轉，前提是不犯戰略錯誤。持續三十多年且仍保持高速發展的經濟，極大地增強了國力。中國的軟性外交，使得在硬實力提升的同時，軟實力也迅速得到加強。

中國的上升勢頭，美國的相對衰退以及無力單獨維持單極世界現狀，決定著必須依賴中國。中國的國際角色在這樣一種微妙的情形下正在發生戲劇性的變化。「G2」中美兩國集團的概念是華盛頓・彼特森國際經濟研究所所長伯格斯坦在二〇〇八年的美國《外交》雜誌上提出的一個新名詞。他提出美國應尋求同中國發展一種真正的夥伴關係，以實現非全球經濟體系的共同領導。

提倡實質意義上的中美共治論。從布希時期的經濟對話、戰略對話到現時的歐巴馬政府的戰略與經濟對話，說明美國政府不得不重視與新興大國中國的合作。中國的國際地位由於現霸權國的退讓而上升，傳統大國俄羅斯都還上不到這一層面。

經過多年的試探、較量之後，美國政府與學界得出的結論是，中國崛起不可阻擋，選擇對抗與遏制並不符合美國的長遠利益。進入新的世紀，美國面臨的恐怖主義威脅日趨嚴重，主要原因是美國在強勢的對外政策所造成的。長期以來，美國對以色列的支持，以及對阿拉伯世界的壓制，在以巴衝突中的偏袒；小布希政府對外推動所謂的民主運動而干涉別國內政，引起各國的強烈不滿。美國在新世紀，越來越陷入孤立的境地。

中國表明永遠不稱霸，更何況現在的實力也不允許稱霸。但中國可以且應該更多地參與世界事務。實現從旁觀者向參與者的轉變，從規則的遵守者向規則的制定者轉變。這不僅符合廣大發展中國家的利益，也符合世界的利益，更符合中國的利益。由西方世界主導了二百年的不平等的國際政治經濟秩序，是時候改變了。西方主導世界已經撐不下去，這就是為什麼 G8 要邀請中、巴、印、南非等發展中國家參與對話的原因。G8 正在失去影響力，決定不了全球事務。不是因為八國不想，而是其實力不濟。在全球金融危機之後，G20 應運而生，G8 已失去其存在的意義，是一個名存實亡的組織。

關於中國未來在國際上的作用問題，國內有兩種截然不同的主張。一種是繼續埋頭國內事務，韜光養晦一百年。這種聲音代表人物是原駐法國大使吳建民。他認為中國不適宜在國際上出

頭，應專心致志搞好國內經濟發展。當然，以吳為代表的這種國際事務中不作為的聲音，主張過於消極。政府的主張是不出頭，但應有所作為。中國即將超過日本成為世界第二經濟大國，作為安理會常任理事國、治理當今世界最有權威的機構的主要成員之一，同時作為亞洲地區的大國，從政治角度、經濟角度還是為全球平衡和持續發展做貢獻的角度，作為發展中國家代表，都必須有所作為。不作為，中國始終處於被動的地位。中國需要世界公平對待，中國反對貿易保護主義，要求改變不合理的國際經濟秩序，謀求確保能源供給，能不作為嗎？

另一種聲音也與官方的態度大相逕庭。這種聲音來自於對過去一個半世紀受殖民、受侵略的一種反動。鑑於中國經濟的持續增長，國力迅速提升，以及原來世界大國的相對衰弱，在這種歷史、經濟、文化及觀點對立等綜合作用下爆發出來的民族主義傾向十分強烈。而且，類似的思想極易得到民眾的共鳴，特別是遇到一些西方大國無理指責中國，對中國進行挑釁時，更加受到支持。不作為和亂作為其實都不符合中國的長遠和戰略利益。

中國的儒家思想主張「中庸之道」，即凡事不走極端，以理性手段處理矛盾，以時間來解決矛盾和問題。走極端的不利後果，中國是有教訓的。

再看看美國。一戰基本保持中立，大賣武器給交戰雙方。二戰前期仍看熱鬧，成為軍火商，後期參戰撈取成果。二戰後，美國國力超群，開始當世界警察，走極端了。自以為是民主、自由代表人和人權的維護者，對各國進行干涉。從朝戰到越戰，一九八九年冷戰結束後，採取「單邊主義」崇尚武力，阿富汗、伊拉

克兩場戰爭，走極端給美國帶來的後果現在都清楚了。帝國已從權力的頂峰往下走。為此，採取「中庸」用時間逐步來化解問題和矛盾應該是個好辦法，是老祖宗留下來的智慧。

中國成為全球的焦點，原因是中國在三十年的時間內迅速躍升為一支極具影響力的全球力量。翻開世界各國報紙，從發達國家到發展中國家，從美國到非洲，中國新聞成為頭版頭條的頻率越來越高，中國日益引起世界的關注。還有一個明顯的特徵是，人們在談論中國時，往往扯上美國，把中美國在一起對比。美國無疑是當今世界無可匹敵的頭等強國，但過去的政策失誤，導致帝國從頂峰步入下行通道。

當然，美國在今後較長的時間內仍將保持世界超級大國的地位，但其影響力的延續時間取決於美國政府是否讓權，並採取與其他世界強國合作的態度。小布希時期的美國外強中乾，鷹派勢力把持了美國政府。對於美國的競爭對手而言，倒是歡迎小布希。歐巴馬也許能使美國重新恢復號召力。新一屆美國政府一改前任的單邊主義政策，積極改善與歐洲和中東各國的關係美國形象得到一定的改善。但美國的絕對實力恐難以恢復到頂峰時期。中國印度等一批發展中新興經濟體在過去十年迅速崛起，已經改變了力量對比。

美國新政府似乎在嘗試重回多邊主義。修復與歐洲盟國的傳統友誼，向伊斯蘭世界示好，緩和與伊朗、朝鮮、古巴、委內瑞拉等被美國排斥國家的關係，這些舉措無疑有助於改善美國好戰的形象。在經濟領域，美國政府顯示出願意改善不合理的國際經濟體系，改革國際經濟組織的姿態。在全球面臨的共同威脅，如

氣候、環境、傳染病、核擴散等問題上，美國政府參與共同應對。美國新政府的「巧實力外交」，對美國延續在政治、經濟、軍事等領域的影響力是有益無害的。與崛起或競爭國家共享國際話語權不失為一種明智的選擇。但歐巴馬政府這種「巧實力外交」面對國內嚴峻的政治形勢、經濟壓力，能否延續仍存疑問。

中國是美國必須面對的有力競爭者。美國對中國採取兩手，一手硬，一手軟。美國在有節制地採取遏制中國崛起的戰略步驟，美印加強合作，以印遏華、重返東南亞以及加強日美軍事聯盟的同時，又與中國開展對話與合作。這是美國採取軟的一手。這也是美國吸取過去大國權力更替的經驗與教訓，採取現實的做法。

中國正在崛起。這是事實。各種跡象及數據都予以證實。衡量一個國家的實力更要看其幾個指標：經濟實力、政治地位、軍事力量、科技創興力、文化影響力。

經濟實力迅速提升，得益於政策的轉向。過去三十年，中國經濟年均 9% 的高速增長，創造了世界經濟發展史上的奇蹟。4.9 萬億美元的 GDP 總量排美日之後，據世界第三。

二〇一〇年按目前中日兩國的經濟增長情況，中國的 GDP 總量超越日本，幾乎沒有懸念。二〇〇九年，中國超越德國，躍居全球最大的出口國。汽車銷量達 1360 萬輛，超過美國，成為全球最大的汽車市場。對於中國經濟前景有各種各樣的預測。對於超越美國成為 GDP 總量世界第一，有預測二〇一五、二〇二〇、二〇三〇、二〇四〇年的。但有一點是肯定的，即中國追趕美國的進程不會停頓。中國也不必在乎何時成為世界第一。相

反，提高增長的質量和效率，提高國民的幸福指數，改變唯GDP論，更加關注環境、更加關注世界平衡發展，應該成為中國政府關心的重點。對中國 GDP 統計數據的指責時有出現。有一些出於客觀分析，有一些則出於嫉妒和心理失衡。中國 GDP 統計的確存在問題。地方總計超過全國總量的結果是各地唯GDP論的必然。但中國經濟實力的增強是不爭事實。中國各類主要工業品產量名列世界第一。資源能源進口量、國內用電量、市場消費量是實實在在地擺在那兒的數據。

中國的軍事力的正大踏步地往前趕。中國的軍費在大幅度地增長。但與美國相比，中國的軍費不及美國的十分之一。中國13 億人口，日本 1.2 億人口，美國 3 億人口，我們的人均軍費大大低於美日。指責中國軍事威脅，軍費不透明有些不講道理。美國、日本的軍費透明了嗎？中國的軍事裝備落後於美國和日本。美國源源不斷地賣先進武器給日本、印度和臺灣地區。誰脅誰？中國與美國軍事的「非對稱競爭」是上策。通過信息技術、宇宙技術謀求與美國軍事平衡不失為明智的選擇。

中國不願意威脅別人，但我們需要保證在全球的經濟利益。軍事上的韜光養晦，要防戰，必先備戰，讓對手不敢主動挑戰。隨著中國經濟觸角在全球伸展，中國能源資源的對外依賴程度快速提高。需要擴展軍事保護的範圍和能力。中國海軍在索馬里的護航給了一次寶貴遠征的機會。中國海軍從近海防禦到遠洋出擊向深海出發。

中國在亞洲和非洲事務中影響力和話語權正在擴大。涉及全球熱點和核問題如防止核擴散、維護地區穩定、全球氣候變暖、

能源環境問題、反恐怖威脅等都在發揮積極而獨特的作用。中國政府在處理敏感、重大的國際問題時採取的是平和而不激進的措施。主張通過對話而非武力威脅的手段，從而贏得眾多的支持。

二〇〇九年底，歐巴馬訪華時把中美關係定調為「中美關係將塑造二十一世紀的歷史」。不管歐巴馬是奉承也好，討好也好，但有一點是明確的，即中國的實力提高已到了美國不得不重視的時候。在過往的中美關係中，每屆美政府上臺之後的前二至三年都是中美關係的困難時期，今天情況改變了。儘管歐巴馬在競選時對華顯示了強硬立場，但與十年、二十年前的情形不同，中國在地區、國際事務中的影響力，中國的經濟競爭力今非昔比。

當然，從上面粗略地分析經濟、政治、軍事等幾個方面的情況，就得出中國時代到來還為時過早。中國作為最大的發展中國家，中國的國力、軍事力量、文化軟實力、國際話語權、規則主導權遠遠沒有達到美國的水平。美國的主導方位仍將維持相當長的時間。如不發展生重大變故的話，中國重回大國舞臺，需要相當長的時間，需要學會向既得利益國和主導方爭取應有的地位和權力，這是一個漫長的過程。

中國需要轉變角色、需要運用中國智慧，這既是中國的利益所在，也是世界格局變化的結果。

當然，在角色轉變的過程中，在國際上要量力而行，擺正自己的位置成為一個世界性大國是一個漫長的過程。中國有成為強國的潛質，把握不好並非一定能成為強國。日本的教訓讓我們看到追求大國夢的艱辛，在強國之路上，過去用戰爭手段，充滿血

腥，如今用經濟和政治的手段，充滿各種陰謀；過去用實力，現在是實力加智慧。中國在歷史上曾經是首屈一指的大國，但不是強國，只有當經濟水平、科技實力、文化影響力、軍事力量、社會法治、民主程度以及國民素質等綜合因素達到一個相當高的水準，才有可能成為強國。中國強國之路還有很長一段路要走。

路漫漫其修遠兮，吾將上下而求索。路雖長，但強國夢依然。

昌明文庫·悅讀中國　A0607038

中國機遇——強國之路的中國智慧　下冊

作　　者　袁寶成、任國明、于明山
版權策畫　李煥芹
責任編輯　呂玉姍

發 行 人　陳滿銘
總 經 理　梁錦興
總 編 輯　陳滿銘
副總編輯　張晏瑞
編 輯 所　萬卷樓圖書股份有限公司
排　　版　菩薩蠻數位文化有限公司
印　　刷　維中科技有限公司
封面設計　菩薩蠻數位文化有限公司
出　　版　昌明文化有限公司
桃園市龜山區中原街 32 號
電話　(02)23216565
發　　行　萬卷樓圖書股份有限公司
臺北市羅斯福路二段 41 號 6 樓之 3
電話　(02)23216565
傳真　(02)23218698
電郵　SERVICE@WANJUAN.COM.TW
大陸經銷
廈門外圖臺灣書店有限公司
　　電郵　JKB188@188.COM

ISBN 978-986-496-402-4
2019 年 3 月初版
定價：新臺幣 400 元

如何購買本書：

1. 轉帳購書，請透過以下帳戶
　　合作金庫銀行　古亭分行
　　戶名：萬卷樓圖書股份有限公司
　　帳號：0877717092596
2. 網路購書，請透過萬卷樓網站
　　網址　WWW.WANJUAN.COM.TW
大量購書，請直接聯繫我們，將有專人為您
服務。客服：(02)23216565　分機 610

如有缺頁、破損或裝訂錯誤，請寄回更換
版權所有·翻印必究
Copyright©2019 by WanJuanLou Books CO., Ltd.
All Right Reserved　　　　**Printed in Taiwan**

國家圖書館出版品預行編目資料

中國機遇──強國之路的中國智慧　下冊 /
袁寶成、任國明、于明山著.-- 初版.-- 桃園
市：昌明文化出版；臺北市：萬卷樓發行,
2019.03
　　冊；　公分
ISBN 978-986-496-402-4(下冊 : 平裝)

1.經濟發展　2.中國

552.2　　　　　　　　　　108002851